A CIDADE DE ALQUIMIA

Uma analogia à Nova Era

Editora Appris Ltda.
1.ª Edição - Copyright© 2020 dos autores
Direitos de Edição Reservados à Editora Appris Ltda.

Nenhuma parte desta obra poderá ser utilizada indevidamente, sem estar de acordo com a Lei n°
9.610/98. Se incorreções forem encontradas, serão de exclusiva responsabilidade de seus organizadores. Foi realizado o Depósito Legal na Fundação Biblioteca Nacional, de acordo com as Leis nos
10.994, de 14/12/2004, e 12.192, de 14/01/2010.

Catalogação na Fonte
Elaborado por: Josefina A. S. Guedes
Bibliotecária CRB 9/870

G861c 2020	Grimaud, Daphine A cidade de alquimia : uma analogia à Nova Era / Daphine Grimaud. - 1. ed. – Curitiba : Appris, 2020. 99 p. ; 21 cm. - (Literatura). Inclui bibliografias ISBN 978-65-5523-212-7 1. Ficção brasileira. I. Título. II. Série. CDD – 869.3

Editora e Livraria Appris Ltda.
Av. Manoel Ribas, 2265 – Mercês
Curitiba/PR – CEP: 80810-002
Tel. (41) 3156 - 4731
www.editoraappris.com.br

Printed in Brazil
Impresso no Brasil

Daphine Grimaud

A CIDADE DE ALQUIMIA
Uma analogia à Nova Era

FICHA TÉCNICA

EDITORIAL	Augusto V. de A. Coelho
	Marli Caetano
	Sara C. de Andrade Coelho
COMITÊ EDITORIAL	Andréa Barbosa Gouveia (UFPR)
	Jacques de Lima Ferreira (UP)
	Marilda Aparecida Behrens (PUCPR)
	Ana El Achkar (UNIVERSO/RJ)
	Conrado Moreira Mendes (PUC-MG)
	Eliete Correia dos Santos (UEPB)
	Fabiano Santos (UERJ/IESP)
	Francinete Fernandes de Sousa (UEPB)
	Francisco Carlos Duarte (PUCPR)
	Francisco de Assis (Fiam-Faam, SP, Brasil)
	Juliana Reichert Assunção Tonelli (UEL)
	Maria Aparecida Barbosa (USP)
	Maria Helena Zamora (PUC-Rio)
	Maria Margarida de Andrade (Umack)
	Roque Ismael da Costa Güllich (UFFS)
	Toni Reis (UFPR)
	Valdomiro de Oliveira (UFPR)
	Valério Brusamolin (IFPR)
ASSESSORIA EDITORIAL	Evelin Louise Kolb
REVISÃO	André Luiz Cavanha
PRODUÇÃO EDITORIAL	Lucielli Trevizan
DIAGRAMAÇÃO	Daniela Baumguertner
CAPA	Fernando Nishijima
COMUNICAÇÃO	Carlos Eduardo Pereira
	Débora Nazário
	Kananda Ferreira
	Karla Pipolo Olegário
LIVRARIAS E EVENTOS	Estevão Misael
GERÊNCIA DE FINANÇAS	Selma Maria Fernandes do Valle
COORDENADORA COMERCIAL	Silvana Vicente

AGRADECIMENTOS

Todo o meu amor e gratidão ao plano espiritual, que tanto me direciona e ajuda nessa caminhada. Aos meus guias de atuação mais direta: Sete Espadas de Ogum, Maria Conga das Almas, Tranca Ruas das Almas, Marabô e Maria Padilha das Almas. Aos arcturianos, que possamos juntos auxiliar muitas pessoas, agradeço por fazerem de mim um canal de cura. A todas as fraternidades e egrégoras de proteção envolvidas nos meus trabalhos.

Ao meu marido, Juan Antônio Acuna, por todo amor e incentivo, que em cada detalhe me ajuda a não desistir e a ter a calma necessária para enfrentar os obstáculos.

Todo amor do mundo é pouco para agradecer ao grande mestre Jesus, conhecido nas estrelas como Sananda. Te amo. Que sua luz sempre acompanhe a todos nós e que todos se abram para a sua verdade.

Agradeço a todos que acreditam no meu trabalho e me revigoram a cada mensagem de amor. Recebo todos os afetos e me sinto empolgada para sempre continuar meu trabalho intenso, apesar da pressão densa deste mundo.

A união faz a força. Obrigada.

Gratidão! Gratidão! Gratidão!

Pouco a pouco você será guiado por aquelas mentes que são suficientemente sensíveis para entrar nas dimensões espirituais mais altas e que podem mover-se mais além dos seus atuais limites de consciência. Elas registrarão para você essas maravilhosas experiências e estados do ser mais além dos seus, aos quais você mesmo poderá aspirar. Desse modo, você irá adiante em níveis ou passos de desenvolvimento espiritual.

(Cartas de Cristo - Carta 3, p. 127)

APRESENTAÇÃO

Obtive inspiração para esta obra em meados de 2015, porém faltava-me ainda conhecer um pouco mais as esferas espirituais antes de finalizá-la. Nesse tempo, fui descobrindo como funciona o todo, as hierarquias cósmicas, o amor divino que está em tudo e perpassa tudo.

Fui compreendendo o mundo e aceitando livremente a existência de cada um e os acontecimentos, mesmo aqueles mais difíceis de entender. Finalmente integrei profundamente que tudo está imerso num mar de amor e que cada etapa da existência é um precioso aprendizado: tudo é aproveitado para nosso aprendizado e não há desperdícios no universo.

Minhas experiências e contato profundo com a espiritualidade, por meio da minha mediunidade e da sensibilidade de outras pessoas, me modificaram a ponto de me sentir outra pessoa e todos os que me conhecem perceberem a mudança.

A Cidade de Alquimia trata da história de todos nós, como seres valiosos e únicos, com talentos e habilidades sagradas, que trazem em si uma proposta de melhorar a nós mesmos e o mundo. Só que estamos ainda sufocados pelas negatividades geradas em nós há várias vidas, então dominados assim por crenças limitantes muito severas. Essa reserva nos leva ao esvaziamento da alma e dos valores mais elevados. Sabotamos a nossa própria existência.

Com esta obra, pretendo levar cada leitor ao seu interior e às suas autossabotagens constantes que só trazem infelicidade, paralisação e defesas, que afastam da sensação maravilhosa de plenitude e preenchimento.

SUMÁRIO

A CIDADE DE ALQUIMIA –
UMA ANALOGIA À NOVA ERA 13
   Um movimento de Medo se inicia... 14
   O contraponto da Luz... 15
   A Sombra emerge... 17

A MISSÃO 21
   Dúvida e Insegurança 25
   Zona de Conforto, Ignorância e Ceticismo 27

A VERDADE SE REVELA ATRAVÉS DAS GERAÇÕES 29
   Propósito de Alma, Confiança e Entrega 31
   Autoconhecimento e Limpeza de Padrões ocultos: "Conhecereis
   a Verdade e a Verdade vos libertará" 34

PROCESSO MENTAL, CONSCIÊNCIA E INTERFERÊNCIAS
EXTERNAS: O PERDÃO COMO LIBERTAÇÃO 43

ABERTURA MENTAL, APRENDIZADO
E DESENVOLVIMENTO 49

O CAMINHO DE VOLTA, INTUIÇÃO E SINCRONICIDADE 59

A CHEGADA E OS REENCONTROS 65

A REALIDADE TAL COMO ELA É – O ENFRENTAMENTO 73
   O Amor nunca falha 76

OS CONTATADOS 81

A TRANSIÇÃO 83

O FIM É APENAS O COMEÇO 87

CONSIDERAÇÕES FINAIS... 89

A CIDADE DE ALQUIMIA – UMA ANALOGIA À NOVA ERA

Era uma vez, em uma terra distante, uma pequena cidade chamada Alquimia. Todos os seus habitantes não eram de lá e vinham de outras cidades. Ninguém se conhecia – pelo menos, não aparentemente.

Ainda que não sendo nativos e todos com características únicas, os habitantes de Alquimia tinham algo em comum: *perderam a memória*. Não se recordavam de onde vinham e nem para onde iam.

Alquimia é uma cidade linda, um lugar paradisíaco, com muito verde, muito mar, tão bonita, que os poucos que iam chegando resolviam passar a noite naquela cidade vazia, um paraíso sem ninguém. Quem passava por ali ficava tão encantado, que perdia todas as memórias do passado. Era um fenômeno inexplicável, porém ninguém parecia se importar muito com isso, pois a alegria se fazia presente.

Iam chegando mais e mais pessoas, as fogueiras noturnas, o céu estrelado, sem lembranças do passado, um ambiente plenamente feliz. Parecia que alguém havia criado aquela cidade somente com um objetivo: proporcionar felicidade. Eram irmãos, viviam em harmonia, apenas teriam que começar a organizar a cidade, que começou a crescer. Todos os dias chegavam duas ou mais pessoas, todas sem memória.

Um movimento de Medo se inicia...

Passado algum tempo, os homens com maior capacidade de liderança começaram a se reunir para escrever normas e regras de conduta. Não sabiam como tinham ido parar ali, mas algo lhes fazia sentir medo de perder aquele paraíso. Tinham uma espécie de registro inconsciente de algo muito ruim do passado, que funcionava como uma sombra, um fantasma a assombrar.

Então, para que nada pudesse ameaçar o futuro, resolveram escrever um Manual da Vida. Todos os habitantes deveriam seguir o manual, senão seriam expulsos da cidade e condenados ao vazio da solidão e de não saber para onde ir.

Durante muito tempo se reuniam sem que ninguém tomasse conhecimento. Era ultrassecreto e faziam essas reuniões em horários que ninguém poderia desconfiar. Passaram um bom período observando os habitantes, que àquela altura pareciam felizes demais, uma felicidade de quem não tinha nem passado e nem futuro a temer. Viviam no momento presente, caçavam, criavam um universo sustentável para que nada fosse desperdiçado. Todos tinham casa simples, comida e água. Prevalecia a abundância e a harmonia.

Os homens do manual, a cada reunião, *alimentavam entre si o medo dessa alegria e felicidade um dia acabarem, não confiavam na consciência* daquele povo que acabara de nascer. Traziam dentro de si uma semente de insegurança e dúvida. Juntos, a cada reunião, faziam essa semente brotar. Passavam longos períodos confabulando como seria a sociedade perfeita governada por eles, detentores de um intelecto impecável e empreendedores natos.

Nas caminhadas na mata, nas fogueiras noturnas, nos passeios de barco, nos mergulhos nas cachoeiras, todos os habitantes se sentiam imensamente agradecidos por simplesmente estarem ali, e *esse sentimento de gratidão à vida era sempre devolvido para a natureza.* Cuidavam da natureza porque era considerada a Mãe que os acolhia onde quer que estivessem, nunca lhes deixava faltar nada. Alquimia era uma cidade mágica e *a magia se dava em cada interação com os elementos da natureza.*

O contraponto da Luz...

Na medida que o tempo passava, alguns habitantes começaram a ter sonhos estranhos e acordavam no meio da noite, com pesadelos semelhantes vindos de casas diferentes. Todos eram como se fossem previsões de guerras e desordem. Muitos sonhavam que um grupo de homens tentaria impor de forma cruel as suas vontades egoístas.

Então, essas pessoas que estavam tocadas por suas visões, começaram a se reunir na floresta, junto às cachoeiras. Conforme o tempo foi passando, a cada reunião, eles alimentavam um sentimento mútuo de amor pela vida que tinham e foram recebendo orientações intuitivas, que eram maravilhosamente trocadas entre si. E assim, foram compreendendo que não estavam ali ao acaso todos juntos, compartilhando experiências e visões. Era um fortalecimento mútuo que lhes dava *a segurança de que dentro da própria Natureza Mental faziam conexões com algo Maior.*

Os sonhos foram ficando cada vez mais claros e agora vinham instruções de como lidar com as discordâncias quando elas começassem a ocorrer. Àquela altura, chegavam mais e mais pessoas em Alquimia. Pessoas perdidas, sem memória e sem saber para onde ir. Conforme chegavam, eram recebidas pelas crianças, com flores e frutas.

Era a cidade do amor e da fraternidade, onde reinava a ordem e agiam como se realmente todos fossem um, como uma rede de conexão. Era importante que todos se sentissem bem e, por isso, todos se cuidavam. Muitos tinham habilidades únicas que acabavam sendo direcionadas para execução de funções específicas. Todos os dons e talentos eram aproveitados.

Porém muitos começaram a ser convocados pelos homens que estavam escrevendo o Manual da Vida. *Eram manipulados e convencidos de que toda aquela felicidade era ilusão de gente tola, que logo tudo acabaria e todos sofreriam as consequências de serem ingênuos.*

Durante a noite, enquanto todos festejavam como de costume, à luz da lua com fogueiras, crianças com doces, frutas e comidas, os homens aproveitavam para convocar cada vez mais gente para a "reunião do medo", em que o manual era produzido com riquezas de detalhes para evitar que aquelas pessoas, tão cheias de "fantasias e ilusões", destruíssem aquele paraíso com suas ideias de abundância sem fim. Para eles, todo aquele amor era cego e diziam que viver por viver, apenas guiados pelo coração, era traiçoeiro, e começaram a questionar o passado de todos os que chegavam à cidade. *Embarcaram no julgamento e criavam razões cada vez mais fortes para impor suas verdades absolutas.*

Esqueceram, assim, de que eles próprios também tinham um passado, embora não se recordassem. E quem sabe esse passado estivesse ainda presente como uma sombra ativa no inconsciente? Estavam unidos pelo mesmo medo, pela mesma sintonia, que aparentemente era inexplicável.

A Sombra emerge...

Esses homens ouviram falar que havia um grupo de pessoas sensitivas que se reunia para trocar experiências e falar sob a influência da grande Mãe natureza. Sentiram que essas pessoas seriam uma ameaça ao Manual da Vida. Então um desses homens se fez de sensitivo e se infiltrou entre eles. Logo na primeira reunião, sentiu-se muito tocado, arrebatado com a quantidade de informações e a energia de amor que circulava ali. Voltou, com o coração cheio de entusiasmo e contou para os homens tudo o que viu e sentiu. Disse que a cada encontro eles cantam, celebram o amor e até dá para sentir uma luz acesa dentro do peito.

Todos ficaram impressionados com as histórias e logo entenderam que, quando o manual fosse apresentado para essas pessoas, não seria aceito. Então julgaram o comportamento e atitude desse infiltrado como a de um homem fraco, cego e inconsequente. Ele os contou que recebiam informações do "além", que eram recebidas em sonhos ou canalizadas diretamente durante essas reuniões com a natureza. Profecias de homens que instalariam a desordem por conta dos seus medos da escassez também foram abordadas.

Os homens ficaram tão furiosos com o tamanho da "loucura", que incluíram no manual a proibição do contato com o "além". Assim como proibiram as reuniões dentro da natureza, utilizando como argumento a existência de forças malignas por trás dessas comunicações.

As festas e manifestações de gratidão à natureza seriam então proibidas. Cada sensitivo, caso não obedecesse, seria perseguido.

Todo o grande povo foi reunido e houve uma grande imposição do manual, porque os homens que escreveram

eram os que tinham força para dominar, discursavam sem parar, tinham o dom da fala. Colocaram medo em todos os habitantes e dominaram suas mentes.

Falaram em nome da Mãe natureza, convencidos de que ela logo sofreria os impactos da irresponsabilidade de se viver uma vida sem ambição, sem medir as consequências futuras. Convenceram as pessoas de forma quase instantânea de que aquela forma de vida não era inteligente, era preguiçosa e sem futuro. Utilizavam discurso passional com intensidade de emoções, assim prendiam a atenção de todos e dominavam.

O grupo dos sensitivos estava bem orientado em relação a esse momento, porque em suas últimas reuniões as mensagens que receberam foram sobre a não reação a possíveis ataques, porque esses ataques viriam de pessoas cujo passado fora de muita miséria e luta. Carregavam dentro de suas mentes inconscientes a vida pretérita de um povo que se autodestruiu ao aumentar o ódio, rancor, intrigas, ganância, corrupção, sentimento de vingança e separação.

Toda essa situação teve seu início porque uns começaram a se sentir sozinhos, desamparados, com medo de que outras pessoas lhes roubassem, sentimentos de posse e medo de tudo perder. Iniciaram um processo de fechar os olhos do coração, desconectaram-se das forças da natureza como se ela um dia fosse acabar e todos fossem morrer sem recursos.

As disputas territoriais iniciaram matanças, era então cada um por si e a natureza contra todos. Todos contra a natureza. Aquele grupo de homens dominadores estaria agora se preparando para a luta novamente, dando sequência ao mesmo padrão passado, que agora atuava ao nível inconsciente. Eles se achavam corajosos, líderes poderosos o suficiente para salvar a cidade do caos, que estava entrando em erupção dentro deles mesmos em seu próprio inconsciente.

Sintonizados sem saber, nesse passado sangrento, estavam prestes a repetir a mesma história. Só que agora, havia um grupo de sensitivos que ameaçava seu planejamento perfeito e não havia alternativa a não ser dizimá-los.

A maioria dos habitantes de Alquimia aceitou a nova realidade porque ficou com medo e foi fortemente alertada pelos homens do manual que havia um grupo de sensitivos que não passaria de charlatões, que falariam em nome da "Mãe Natureza" e "da Luz", mas que, na verdade, seriam forças opostas à Ordem, travestidas com verdades falsas e fantasias de um mundo melhor, verdadeiros "soldados da escuridão", "lobos em pele de cordeiro". O grupo de sensitivos ficou triste, porque agora seria perseguido caso fosse pego reunido.

A MISSÃO

Num dia ensolarado, um dos sensitivos estava andando e desbravando a floresta, quando avistou uma gruta. A entrada da gruta era muito bonita, um belo dia de sol, a água da cachoeira estava reluzente, as folhas das árvores ao redor estavam tão verdes que ele ficava hipnotizado, tamanha a beleza. Os pássaros cantavam sincronizados e os peixinhos pareciam nadar em coreografias, dentro da piscina natural que se formava entre as pedras. Firmou bem os pés na pedra, olhou para o céu, agradeceu aquele cenário maravilhoso e deu os primeiros passos em direção à entrada da caverna.

Logo ao adentrar, um raio de luz que vinha de fora iluminava as gotículas de água no ar da queda da cachoeira e podia sentir uma vibração diferente. Observou um pequeno arco-íris e sorriu. Era um bálsamo para o seu coração.

Um pouco mais adiante encontrou uma pedra, onde se sentou para se refrescar e descansar. Fechou os olhos, com a mente consciente, equânime, espinha ereta. Não deu muito tempo dentro daquela conexão perfeita com o momento presente. Todos os barulhos da água, pássaros, a temperatura, seu coração tranquilo, dançando, fluindo com o batimento de dentro do seu corpo junto ao ritmo de tudo ao redor.

Sentiu uma onda de vibração branca cintilante dentro de sua mente. Abriu os olhos internos e viu um homem de branco. Sentiu uma onda suave de calor, era uma presença serena e ele emanava uma energia de amor, de anjo guardião. O ambiente estava totalmente seguro, preparado e blindado. Não estava ali por acaso. Fora o escolhido para receber uma mensagem importante.

Permaneceu sereno, apenas se manteve consciente e observando. Sentia, num primeiro momento, que estava recebendo uma luz dourada que trazia uma clareza profunda, uma sensação de que estava no lugar certo, na hora certa. E a realidade daquele momento se tratava de um fenômeno tão natural e impermanente, quanto todo e qualquer momento da vida em Alquimia. Se permitia estar ali com toda a presença possível.

As mensagens eram dadas pelo homem de branco a partir do pensamento. Era como se fosse uma outra realidade que não era física, acontecendo dentro da realidade física do seu próprio corpo. Foi-lhe concedida uma abertura mental para uma visão do passado que explicava o momento presente da cidade de Alquimia e apontava um possível futuro desastroso caso o domínio dos homens que escreveram o manual da vida continuasse.

"Meu rapaz,

Que nossa luz e nossa paz chegue ao seu coração.

Obrigado por permitir a minha aproximação.

Essa sensação que você está tendo é a nossa vibração, por isso não se preocupe: estou aqui.

E, na verdade, somos muitos, com o objetivo de ajudar essa cidade a evoluir, pois o que está prestes a acontecer já aconteceu antes. É chegado o momento de uma intervenção maior para que esta terra não se torne desabitada novamente. Alquimia é um local de transformação e quem aqui chega é porque necessita aprender a amar, a dar e receber amor sem condições. Esse nível de amor profundo está latente em todos. Porém esse estágio em que se encontra a maioria leva à estagnação do processo.

Muitos achavam que se amavam e viviam para cuidar e manter a harmonia do todo, mas assim faziam porque não estavam conscientes de que existia o outro lado: o lado do medo.

Foi quando os homens dominados pelo medo chegaram e expuseram sua realidade temerosa e conflituosa à maioria dos habitantes, que, em sua ingenuidade cega, se deixou convencer pelos argumentos de mentes tão manipuladoras e marcadas pela dor e sofrimento. O medo agora é um sentimento comum: ele venceu e cegou a população. Fechou a conexão verdadeira com a causa primeira de tudo o que está vivo: o Amor.

Com os corações fechados pelo medo, resta preencher a mente com as crenças distorcidas que, em breve, tornará Alquimia um lugar deserto novamente. Agora haverá nossa intervenção, que já teve seu início quando muitos sensitivos como você, tinham o hábito de alimentar essa conexão com a Natureza, que se comunica dentro e fora de cada ser.

Sinto que seu coração e sua mente se encontram receptivos e me acompanhando muito bem. Portanto prosseguirei.

Todos vocês já estiveram aqui: são viajantes do espaço. Alquimia foi criada para vocês. É uma escola de transformação para onde voltarão enquanto ainda não souberem genuinamente amar e confiar sem medo, sem julgamento e sem condições.

Da última vez que vocês estiveram aqui, aprenderam tão pouco que estão prestes a repetir os mesmos erros. Porém, neste momento, muitas chances foram dadas a vocês. Percebemos com imensa compaixão, que um ciclo se fecha quando todas as estações passam, sementes plantadas, frutos colhidos, no tempo certo. O tempo da Natureza é perfeito.

O homem de Alquimia vem para se transformar e está pegando desvios demais, desejando ficar no mesmo lugar de repetição. São desvios de uma mente que anda em círculos, de reação atrás de reação, defesas e ataques. O medo, a raiva e a culpa já estão no inconsciente de vocês sem que consigam encontrar uma forma de tomar consciência. O momento agora é de tomada de consciência desse passado, para que possam amar, se perdoar, curar e se libertar da roda de reações e reencarnações. Mas sobre isso não falarei neste momento.

Todas essas pessoas, que sentiram a harmonia e o amor, se deixaram levar e dominar pelo medo de homens torturados pelo sofrimento. Então cabe a nós – que enxergamos tudo daqui, que conhecemos cada coração de vocês, que estamos tentando os fazer acordar para o amor – nos infiltrar. Nos comunicaremos com mais frequência e provocaremos uma nova abertura de consciência.

Chegarão novas pessoas com a luz da verdade natural do ser, que vocês insistem em não querer ver. Facilitaremos esse processo, porque é chegada a hora dos sentimentos de medo e de separação não mais existirem. Mas esse processo se dará de forma perceptível somente para os sensitivos inicialmente. Vocês devem se conscientizar de que os níveis de consciência ainda estão bastante misturados e por isso ensinarão todos a amar sem condições, respeitando e compreendendo o nível consciencial de cada um.

As ferramentas de auxílio chegarão primeiro aos sensitivos, que deverão fazer uso delas para seu próprio autoconhecimento e resgate com suas questões passadas e para que se firmem na não reação e na luz do amor, que só poderá ser puro e sem condições se vocês tomarem consciência de quem foram, de quem são e de como chegaram aqui.

O propósito de estarem aqui se revelará e se firmará durante esse processo de autoconhecimento e autoamor. Receberão a cura dos seus males, colocarão seus egos à serviço da consciência divina e, assim, estarão prontos para conectar com suas missões, propósitos e ajudar aqueles que ainda estarão perdidos se segurando em crenças limitantes que os impedem temporariamente de abrir os corações para que nós, espíritos de luz, entremos para ajudar.

Volte lá e conte para os seus amigos sensitivos tudo isso. Vocês estão autorizados por nós a se reunirem. Não sejam passivos em momentos de crise.

Sejam firmes no amor e com amor. Delimitem os seus limites pessoais e o coletivo mudará. Enviaremos reforço para o mundo físico em breve.

Luz em ti."

O homem sentiu que estava sozinho ali sentado. Toda a mensagem havia sido dada e a conexão havia terminado. Saiu de lá pensativo.

Dúvida e Insegurança

Sabia o que teria que fazer e estava decidido a contar tudo para os seus amigos. Começou então a caminhar de volta à cidade e havia dentro de si uma mescla de êxtase divino com um medo de ninguém o levar a sério. *Decidiu guardar a informação para si até o dia seguinte, pois queria pensar como falaria e para quem.* Ali mesmo, enquanto caminhava na floresta, sua mente começou a traí-lo. Mergulhou-se em inúmeras questões e dúvidas, que por instantes o levaram a crer que o melhor seria se calar e não agir.

O tempo foi passando e ele começou a duvidar do que vira. Será que fora pura imaginação? Estaria louco como os homens do manual afirmavam? Teriam eles razão? Dúvidas e mais dúvidas, sua mente o traíra e ele não havia compartilhado as informações com ninguém. Sentia-se confuso e perturbado.

Ao chegar na cidade, tudo parecia reinar na mais perfeita ordem. Caso ele decidisse contar o que vira e infringisse as leis, seria responsável pelo caos que se iniciaria.

Os homens do manual colocaram homens armados nas fronteiras de Alquimia, que recebiam ordens para entrevistarem todos os que adentrassem à cidade. O que esses homens não tinham consciência era que todos os que chegavam em Alquimia, não chegavam por acaso. Chegavam porque havia para ela um plano divino, plano este que estava ligado diretamente ao propósito da cidade: a transformação, a evolução, o reencontro de cada ser com sua essência pura que, por alguma razão, havia sido esquecida. Os homens de Alquimia estavam assim tentando controlar qualquer tipo de manifestação que fosse contrária aos desígnios do Manual da Vida.

O homem sensitivo, escolhido para passar a mensagem do plano espiritual para os demais, resolveu ficar calado. O tempo foi passando e de fato o manual foi sendo obedecido e aceito por todos.

Zona de Conforto, Ignorância e Ceticismo

Todos os que entravam na cidade relatavam não recordar de nada que viveram antes e, assim sendo, eram facilmente manipulados para seguirem o manual. Os sensitivos, embora não concordassem, foram obrigados a obedecer às ordens, pois temiam por suas famílias e queriam que a paz reinasse para todos. E assim foram ignorando seus chamados, sonhos, orientações e intuições.

As manifestações da natureza começaram a se tornar alvo de preconceito e as que aconteciam espontaneamente foram massacradas pelos responsáveis pela segurança e bem estar de Alquimia.

Nada do que fugia ao manual era permitido e, assim, era combatido com força e violência. Ao temer pelo futuro dos seus familiares, esse homem, optando pelo silêncio, escolheu permitir que os homens do manual dominassem suas mentes. Ficou inseguro, abriu para as dúvidas e foi engolido pelo medo. A dúvida o apagou internamente.

O tempo foi passando e Alquimia não mais tinha aquele brilho, estava povoada por pessoas sem brilho no olhar. O que era colorido, cheio de magia e encanto, foi se fechando para um ceticismo sombrio e crenças rígidas de uma Mãe Natureza dura e cruel. O manual foi ganhando espaço dentro das mentes e tudo começou a ficar automático, rotineiro, sem criatividade, sem aquela alegria natural que brotava diretamente dos corações puros e livres. Se desconectaram da voz dos seus espíritos, perderam a luz, foram cobertos pela escuridão.

As crianças não mais recebiam os que chegavam, quem os recebiam eram os homens agora responsáveis pela segurança da cidade. *O medo de uma invasão – que na realidade nunca ocorrera – era intenso e ninguém questionava esse medo, porque ele agora era realidade.*

Tornara-se tão real que havia uma espera por um inimigo desconhecido, uma força negativa – que brotava deles mesmos. Eles não conseguiam olhar para dentro e identificar o inimigo, o fantasma interior. Projetavam sua enorme sombra no exterior.

A VERDADE SE REVELA ATRAVÉS DAS GERAÇÕES

O homem mensageiro estava agora mais velho. Resolve contar ao seu neto a história do anjo guardião na gruta, como se fosse uma história de ninar, um conto, uma imaginação. O tempo havia passado. O menino ouve com muita atenção e com entusiasmo diz: "Mas, vovô, e se o que consideramos 'imaginação' for verdade e a realidade for na verdade um sonho do qual um dia iremos acordar?".

O homem sente seu coração acelerar, recorda as palavras do mentor de branco, sente seu corpo inteiro arrepiar e seus olhos enchem d'água e então ele responde: "Meu neto querido, essa história parece real pra você?". O menino com um sorriso largo diz: "Sim, vovô. Estou sentindo a presença desse homem aqui e, enquanto você contava, ele sorriu para mim. Era como se a mão dele estivesse no meu ombro e ele sorria aliviado. Ele quer que eu conte tudo o que sei, disse que pode lhe ajudar a fazer o que tem que ser feito".

O homem se desmonta de tanto chorar. Começa a pedir perdão e a perguntar em voz alta o porquê de justamente ser ele o escolhido, visto ele se considerar tão fraco e covarde. Seguiu dizendo que não compreende o propósito disso tudo. Ele diz com um tom de tristeza: "Por que vocês não vêm e acabam logo com isso tudo? Por que permitem tanta maldade, tanto medo? Por que deixaram nas minhas mãos?". O menino sorri e diz para ele: "Vovô, estamos aqui para descobrir o tamanho da nossa força. É uma oportunidade dentro de tantas que já tivemos e de tantas que virão. A vida não é essa realidade cruel e sofrida. O sofrimento vem da ignorância. O ser humano não confia na existência de uma vida real fora do que ele pode ver e, por isso, ele se sente sozinho, começa a querer atacar para se defender, faz escolhas que trazem muito sofrimento, somente por ignorar a realidade que está dentro dele mesmo".

O homem retruca: "Mas eu acreditava nisso, fui fraco por começar a duvidar do que vi. Porém esses homens são muito bem articulados e não precisam de muito esforço para me calar e calar a todos os meus amigos sensitivos. Agora a coisa piorou e nem sei como reverter. Está tudo dominado e as pessoas nem fazem mais questão de questionar. Aquela luz se apagou dos corações." O menino diz: "Vô, não se preocupe. Faz parte do propósito da mãe natureza e do criador de toda a vida, que os seres visíveis e invisíveis trabalhem juntos para que possam evoluir. O senhor deve saber que esse homem de branco traz a força ancestral de que tanto precisamos. Nós já estivemos aqui antes: eu, você e os seus amigos. Tentamos construir algo bom e fomos detidos por esses mesmos homens. O que lhe fez paralisar foi justamente essa memória de culpa, dor e de luta. Os homens do manual também carregam memórias de luta e de medo. Porém, isso foi numa época em que éramos todos mais primitivos e menos prontos para agir com consciência das consequências. Hoje já desenvolvemos um senso diferente de moralidade. *O senhor precisa lembrar quem o senhor é e o que está fazendo aqui, dessa forma terás a confiança plena de que não estás sozinho e de que não há o que temer. O caminho do amor, da luz e da evolução é se abrir para o grande mistério, é se permitir não ter respostas, é falar com o coração, e acima de tudo confiar, entregar. Todos esses homens do manual precisam da nossa ajuda, pois o medo lhes fechou todos os canais, todas as aberturas estão apenas reagindo à memórias de vidas passadas, que nada mais tem a ver com o presente. O nível de consciência deles está muito baixo, num estado de angústia e sofrimento constante, sem saber, estão construindo um futuro ainda mais penoso. E antes de ajudá-los é preciso que nos dediquemos primeiro a nós... crianças como eu estão chegando para ajudar, vim para te ajudar, podemos começar aqui dentro de casa e depois vamos saber o que fazer".*

O homem agora estava com pressa, parecia querer compensar todo o tempo que perdera na escuridão. Teve um sonho em que batia às portas de todas as casas de Alquimia, e pedia para falar com as crianças. Nesse sonho ele as abraçava e no ouvido delas ele fazia a pergunta: "Você sabe quem eu sou?" Todas balançavam a cabeça, sorriam com entusiasmo e diziam*: "Sim, você é o salvador, aquele que vai fazer tudo florir novamente".* E assim foi em tantas casas, que até acordou cansado. Porém estava tão feliz. Parecia ter sido tudo real.

Propósito de Alma, Confiança e Entrega

Então ele se levanta da cama e sente o coração bater. O arrepio tomou conta do seu corpo, então abriu uma luz branca cintilante, se entregou à vibração, pois sabia que entrariam em contato. Dessa vez quem apareceu foi uma senhora de branco, serena, amorosa, que sorrindo calmamente disse:

– *Meu amado filho, que bom podermos fazer contato novamente. Sei como você se sente, aceite o meu amor. O seu sonho deve se realizar. Precisamos de você.*

Alquimia precisa da sua coragem, faça o que sentir que tem que fazer. Lembre-se que sempre respeitaremos as suas escolhas. Por isso, busque manter o silêncio mental, equanimidade e a consciência. Dessa forma trabalharemos em conjunto. Não permita que a dúvida crie raízes, seja você, confie e se entregue. Aceite que tudo faz parte de um plano maior.

Agora o mensageiro tomara consciência do quanto a dúvida e o medo atrasaram a sua vida e o afastaram de sua intuição. Estava decidido a se arriscar e, se preciso, dar sua vida para passar adiante a verdade. A verdade era que Alquimia estava parada no tempo, com habitantes estagnados pelo medo da infelicidade. Alguém teria que ajudá-los a enxergar o óbvio, a simplicidade, o coração e a conexão real com a natureza. Lembrara que em seu sonho, as crianças o reconheciam como o salvador. Então, antes que sua mente o traísse com pensamentos de descrença, ele foi até o seu neto e o pediu que o levasse até seus amiguinhos com o pretexto de irem todos brincar no jardim.

E assim, foram de casa em casa buscar as crianças para brincar. No jardim em que os levou para brincar, ele pôde confirmar que a maioria já havia vivido em Alquimia antes e que os homens maus os exterminaram. Algumas crianças tinham um traço muito forte de medo, outras gostavam de brincar de luta, sentiam raiva. Outras eram tão amorosas, que traziam flores para o avô, que, mesmo estando envelhecido, estava começando a se sentir bem, como nunca antes. Ele estava a observar e refletir sobre o que via. Estava reconhecendo a sua missão, reconectara-se ao seu coração, que o dizia para não mais perder tempo.

Seu objetivo agora era ajudar os habitantes de Alquimia a compreenderem que ali era um lugar de transformação e evolução, não de estagnação e medo. Contou tudo o que sabia para os seus velhos amigos sensitivos. Esses amigos, que também tinham filhos e netos, foram confirmando as informações com as crianças, ou em sonho. Bastante emocionados, começaram a se reunir novamente para trocar experiências e entrar em contato com a mãe natureza.

Não demorou muito para que os homens do manual descobrissem. Agora eles podiam usar de violência com o respaldo da lei. E foi o que começou a acontecer.

Muitos foram presos e suas famílias ameaçadas. Os homens sabiam quem era o líder sensitivo encarregado de salvar Alquimia. O pegaram e o prenderam. Todos os outros se comprometeram a não mais se reunirem.

O Salvador foi condenado à expulsão da cidade. Foi jogado para fora sem dó nem piedade. Agora ele não poderia voltar, não sabia para onde ir. Isso aconteceu porque ele não aceitou se calar, disse que não iria deixar de passar adiante a mensagem libertadora de todo o sofrimento.

Os homens o consideraram louco, fora de si, um alienado e perturbador da paz. Não se viam em sofrimento, estavam cegos, não tinham olhos para dentro de si, projetavam seus medos no salvador, como se ele fosse trazer a desordem.

E assim, o Salvador se viu fora, não sabia o que fazer, mas teve a certeza de que estava fazendo a coisa certa. *Seu coração lhe dizia isso.* Deu todos os passos que pôde para acordar novamente os sensitivos e lançar a semente do futuro. Restava-lhe agora *confiar.*

Autoconhecimento e Limpeza de Padrões ocultos: "Conhecereis a Verdade e a Verdade vos libertará"

Caminhou bastante, avistou uma trilha, todo o caminho até ali fora muito deserto. Adentrou numa floresta, faltavam apenas algumas horas para anoitecer. Ele estava cansado e parou para descansar debaixo de uma árvore.

Cochilou e, após breves minutos, acordou com um barulho na mata. Um som forte que parecia um avião, um motor. Muito assustado, meio sonolento, ele levantou, caminhou até o barulho e começou a observar.

Era uma nave. Ele teve sensação de familiaridade. Não estava com medo. Talvez tenha sonhado com uma dessas ou, quem sabe, estivesse dentro de um sonho. Era tudo novo e ele estava com o coração aberto para descobrir o significado real da vida.

Quando o pensamento de medo invadia a sua mente, ele voltava rapidamente a atenção para o seu coração que estava vivo, iluminado, cheio de perguntas, entusiasmado para encontrar novas pistas dos próximos passos a dar. A vida dele agora era um mistério a ser desvendado naturalmente, com entrega e confiança. Quando baixasse sua vibração, rapidamente poderia recorrer às provas que recebera da realidade espiritual.

Diante de tudo o que estava acontecendo, ele precisou se desapegar de pensamentos que o prendessem a Alquimia. Precisou aceitar que a realidade do momento era que não poderia voltar e chorar seria perda de tempo, perda de energia. Precisava agir com consciência das próximas escolhas e manter o equilíbrio da mente sem julgamentos.

Agora ele estava se tornando um observador de tudo o que acontecia fora dele e não se prendia às emoções e sensações. Dessa forma, sentia-se rejuvenescido e extremamente forte internamente.

Ele não sabia, mas estava na realidade, recebendo a oportunidade de se tornar mestre de si mesmo. Estava maduro o suficiente para isso, a hora era exatamente essa. Toda a sua falta de coragem do passado e a sensação de tempo perdido, o tornara exatamente o homem que salvaria Alquimia da alienação e destruição. Tudo a seu tempo, no tempo certo.

Tudo estava perfeito dentro do imperfeito. Alquimia foi criada para isso: para erros e acertos, para aprendizados diferentes. Não existia julgamento por parte da espiritualidade maior, porque era um local feito para transformação. **Precisou sair e se distanciar de Alquimia para agora poder enxergar a realidade da existência. Antes estava num estado de cegueira e agora estava despertando.**

A nave abriu a parte da frente. Entre luzes e sombras, ele vê pessoas dentro e uma delas está saindo da nave, passo a passo em sua direção. As roupas que vestiam eram diferentes, o corpo físico deles era um pouco diferente do corpo dos de Alquimia, eram mais altos, mais magros, os rostos mais finos e a voz parecia um pouco mais forte, como se a garganta tivesse mais força, pareciam mais seguros, mais conectados.

Ele observava. Parou de questionar se tudo aquilo seria um sonho e, em vez de esperar acordar, começou a dar passos em direção à nave. Não tinha o que temer e Alquimia precisava de sua ajuda. O ser que vem em sua direção, com roupa azul e o rosto sereno, com postura segura, o recebe e pede para que ele entre na nave.

Não há muita gente dentro da nave, apenas alguns poucos tripulantes. Todos o recebem como se já o conhecessem. Ele se senta numa poltrona designada para ele. Tudo já estava planejado, estava no lugar certo, na hora certa. Estava pronto, sentindo-se realmente confiante e entregue para completar a sua missão.

Após sentar-se na poltrona, ele começa a receber algumas orientações dos amigos de luz, que colocam uma espécie de capacete na sua cabeça. Ele escuta uma voz que diz:

"Meu amado bisneto, como fomos felizes. Sei que você não se recorda dos nossos momentos enquanto estivemos juntos aí no plano físico. Vocês tiveram que perder a memória, porque não estariam prontos para recomeçar acaso continuassem com as recordações pretéritas de tanta dor, sofrimento e amargura. Muitos de vocês foram por caminhos tortuosos no passado e muitos apenas sofreram as consequências das más escolhas desses povos. Não estou me referindo somente a essa vida que vocês têm hoje. Sei que para vocês o que digo pode não parecer compreensível porque só acreditam no que podem ver. Seus espíritos estão aprisionados a seus corpos para que haja aprendizado e evolução. A realidade é que não são seus corpos, vocês são espíritos que utilizam esses corpos como veículos de aprendizado. Vocês na condição de seres humanos, possuem capacidade limitada para compreender a realidade da existência porque estão num momento ainda inicial da subida. Vocês vivem se debatendo, reagindo à memórias de outras existências, sem a consciência disso. Como a maior parte das existências anteriores teve ainda mais próxima da era primitiva da evolução, estão sintonizados na dor, no medo, na dúvida, na incerteza. Possuem a semente do amor e estão ainda no processo de descobrir isso. O caminho todo se trata dessa descoberta e desse desenvolvimento. Chegou um momento importante para Alquimia, uma nova Era, de saírem da barbárie cega para um despertar de consciências. Esse processo de transformação teve seu início lá

atrás com você e seus amigos, estamos trabalhando vocês, suas mentes e seus corações. Aqueles que não se abrirem para a real transformação, que está por vir com você, irão nascer de novo, em outros locais, que ainda se encontram em um estágio evolutivo abaixo de Alquimia. Agora vamos abrir a sua frequência, vamos elevar sua vibração, processo que para você vai ser praticamente imperceptível, vais apenas sentir um estado de consciência mais aberto, pois vamos abrir seu corpo búdico e o mental inferior, onde ficam armazenados os registros de vidas passadas, que ainda interferem negativamente na sua vida atual. Você se desligará de algumas sintonias que te prendem ao medo e insegurança, com a finalidade de que possas concluir o que seu espírito precisa que você conclua para que ele se liberte. Vamos fazer uma contagem regressiva, e então você visualizará o que os seus mentores espirituais mostrarão para você na sua tela mental. Não se apegue, apenas flua, pois já estás pronto para esse processo. Mantenha-se consciente de que já passastes pelas situações a serem mostradas, apenas irás acessar para desconectar-se das sintonias negativas que vem de lá e abrir mais espaço para a sua consciência se desenvolver aqui."

O Salvador estava entusiasmado e se sentia pronto para adentrar verdadeiramente em si mesmo e no seu vasto Inconsciente. Estava dando início ao seu processo de cura e libertação. O mentor espiritual continua: *"Iniciando a contagem em 3,2,1, você está regredido AGORA!"*.

Subitamente ele adentra um túnel branco cintilante, quem o recebe do outro lado é seu outro mentor espiritual, também de branco, que o estende a mão e inicia um tratamento com luzes e diversas cores nos centros de energia do seu corpo. Logo o mensageiro se vê em outra vida, depois acessa outra vida, e assim vai indo acessando inúmeras existências de uma só vez. Percebeu que tudo está interligado dentro de uma matemática perfeita, com muito Amor e Ordem. Identificou algumas pessoas que estão hoje com ele nessa existência.

Percebe a pequenez diante de tantas vidas e constata como se perde tanto tempo repetindo o mesmo padrão durante séculos. Compreende que essa vida é a mais importante, porque está recebendo uma importante missão: a de auxiliar a cidade de Alquimia a entrar num novo estado. Também compreende e consegue integrar ao seu coração, que não há possibilidade de entender tudo plenamente, apenas se faz necessário confiar e se entregar ao processo como um todo e a cada processo conforme vai se apresentando a cada momento. Seu mentor diz algumas palavras finais e o auxilia para o retorno para o Aqui e Agora, o momento presente. Retorna ainda mais confiante e conectado.

A nave decola e todos vão dar um passeio fora daquela dimensão. **O Salvador começa agora a compreender que existem além de inúmeras cidades, vários mundos com diferentes estágios evolutivos, cidades e mundos mais primitivos do que Alquimia e outros mais evoluídos. Compreende que Alquimia se trata de um lugar para onde vão os espíritos que ainda estão saindo do estado primitivo para avançar e iniciar um processo de regeneração, em que a maioria será composta por seres livres do medo de um ego que reage sem parar, criando um estado negativo constante.**

Agora ele sabe que o seu trabalho se trata de auxiliar os outros a se libertarem das armadilhas dos seus próprios egos, e ao conseguirem atingir um estado de equilíbrio entre o que brota dos seus egos, daquilo que brota das suas próprias consciências divinas, acabarão por conseguir enxergar que o inimigo sempre esteve dentro, tampando a luz do amor, que também sempre esteve ali.

Ele entendeu, mas entrou naquela nave para que pudesse primeiro passar pelo processo dentro de si mesmo, olhou para suas existências anteriores e viu que sempre que agiu pensando estar sozinho, sem auxílio espiritual, ficou refém do ego, que é uma estrutura criada para que todos possam ir para esse tipo de plano ter a vivência individual de que toda a criação passa por estágios de evolução da consciência. Tudo na natureza do Universo – que inclui o infinito – está em constante movimento, com direção, com transformação, com vida, com consciência, em evolução.

Embora agora ele tenha acesso a tanto conhecimento, sabe que não tem acesso a quase nada, por estar ainda em experiência física, mas **compreende o principal: foi escolhido para ajudar Alquimia a compreender que não está sozinha num Universo tão grande e tão cheio de Amor.** Estar ali é uma oportunidade única de aprender, compreender que o todo está interligado e assim: evoluir.

Fica claro, que o aprendizado principal é que só se pode evoluir quando se toma consciência da existência do inimigo que mora dentro da mente, o Ego, e que a missão dele é importante e boa, mas traz em si a ilusão da separação para que se possa ter a experiência da individualidade.

É o ego que ajuda cada um a encontrar uma forma de sobreviver, e ao mesmo tempo, experimentar a dor e o sofrimento. A questão é que quando se vive somente pelo Ego sempre irá existir essa dor e sofrimento, pois haverá apego e separação. A separação, a individualização, a sensação de que é preciso ter algo ou alguém para ser feliz, é assim que surge todo tipo de medo e reações adversas.

Portanto, o primeiro aprendizado necessário que Alquimia precisa ter é que por trás dos impulsos do ego existe a voz da consciência divina, que vem do coração, que nada mais é do que a conexão com o que se é em essência. É uma conexão com o que é espontâneo, simples, natural, brota uma paz por apenas ser, sem esperar nada, todos Um, sem barreiras. **Alquimia se trata dessa oportunidade de experenciar a separação e a ilusão, provenientes do ego, tão essencial para que haja um despertar da consciência divina, que habita dentro de cada um.**

As escolhas são livres, porque toda e qualquer escolha leva a aprendizados. Vamos escolhendo e com as consequências vamos aprendendo o que leva a bons resultados ou não.

Só a compreensão de que não existe a morte, mas sim uma mudança no estado da consciência, já fazia com que o mensageiro se sentisse liberto. Ele estava encantado! Desejava voltar e compartilhar tudo isso com Alquimia! Porém agora deveria ser alertado sobre os desafios que teria que enfrentar ao retornar. Agora ele teria o privilégio de acessar algumas informações sobre o estado atual de Alquimia.

O Salvador não sabia, mas enquanto estava naquela nave, não estava dentro do espaço-tempo, não estava na terceira dimensão. O tempo corria diferente e pôde compreender isso melhor quando os mentores da nave ligaram um computador de alta tecnologia e no telão fizeram conexão com um mestre de uma dimensão muito mais adiantada. Ele se surpreende ao sentir no seu coração uma nova sensação de familiaridade com o mestre, e sim, claro, o mestre fazia também parte de sua linha ancestral. **O mensageiro recebia agora uma livre conexão com outros mestres de outros planos mais evoluídos.**

Recebeu inúmeros "downloads" no seu cérebro, informações preciosas que o dariam a segurança e proteção necessários para conseguir concluir sua missão em Alquimia.

O tempo e o espaço existiam em Alquimia para que o aprendizado fosse possível. Acontece dentro da roda de reencarnação. Todos que encarnam na terceira dimensão é porque estão em determinado estágio de aprendizado e para que haja aprendizado definitivo é preciso a linearidade do tempo para que se possa mensurar, com início, meio e fim. Esses muitos estágios evolutivos da terceira dimensão são observados pelos diferentes níveis de consciência.

PROCESSO MENTAL, CONSCIÊNCIA E INTERFERÊNCIAS EXTERNAS: O PERDÃO COMO LIBERTAÇÃO

O estado consciente do ser é diferente da Consciência. A Consciência não é localizada nem limitada ao corpo físico, nem ao cérebro, ela nunca morre, ela continua rumo à evolução. Existem pessoas mais ou menos identificadas com o ego, pessoas mais ou menos reativas, mais ou menos próximas do seu estado original ou essência; pessoas mais ou menos apegadas à matéria.

O processo de despertar da consciência só pode se dar quando primeiro há uma compreensão do processo mental de cada um, que é um só. Todos possuem basicamente: Ego, Consciência Divina e interferências externas.

Geralmente pessoas muito identificadas com o Ego ficam criando tanto sofrimento, vida após vida, até que chega uma hora em que a dor física é insuportável e o despertar forçosamente acontece.

Enquanto o despertar não vem, as pessoas ficam vivendo vidas de ilusão e drama, que é um estágio também necessário dentro do processo evolutivo. Essa inconsciência ocorre por conta do apego ao que o ego cria e dessa forma, vão sendo criadas muitas máscaras, muitas identificações à matéria, um estado de dormência do espírito.

A conexão com o próprio espírito se faz por meio da consciência, que sempre aponta para o caminho do coração, o real caminho que o espírito da pessoa traçou para ela antes do processo de encarnar num corpo físico.

O corpo físico e a identidade egóica, a personalidade, são apenas instrumentos, que facilitam o aprendizado do espírito. O espírito é livre e na maior parte das vezes escolhe descer para uma vibração e frequência mais baixa e densa, para **se preparar para algo maior que virá depois desse desenvolvimento e treinamento, propiciados em lugares como Alquimia.**

Alquimia é um lugar sim de transformação, e foi projetada perfeitamente para esse propósito. Nesse momento, o que ocorre lá é que a maioria estagnou o processo de evolução, por medo. Reproduzem crenças e comportamentos sem lógica, apenas repetem o que aprendem dos seus líderes, antepassados e vivências anteriores. A terceira dimensão está em estado de ilusão justamente porque vibra no medo e precisa acordar agora.

Todas essas mensagens eram passadas ao Salvador por meio de uma conversa, ele ia fazendo perguntas e pontos iam sendo esclarecidos.

O mentor continua:

"Existem aqueles que dominam de forma inconsciente porque reagem ao medo de tudo perder, ou aqueles que dominam conscientemente porque tem a maldade e a escuridão instaladas dentro de seus corações, escolhem fechar os olhos para a verdade, e assim perseguem os que estão despertos ou em processo de despertar.

Dentro da categoria de omissos, passivos e subjugados, estão os que, por medo, são dominados e se tornam escravos. Os omissos têm medo, insegurança e egoísmo, escolhem não se posicionar porque correm o risco de tudo perder e caírem na desmoralização; podem até enxergar a verdade, mas escolhem não tomar posição e assim acabam servindo à escuridão. Os passivos assistem a tudo sem questionar, são literalmente guiados, abandonaram a si mesmos e estão onde a maioria está. Os subjugados estão ali recebendo ordens e executando, são capachos dos seus próprios medos, auxiliam de forma direta, a decadência ou estagnação da luz, e consequentemente, de si mesmos.

Tudo isso acontece de forma automática e já é esperado dentro de um plano tridimensional, onde ainda impera o estado primitivo e individualizado da mente, que ainda inconsciente da existência de um ego, acaba por deixá-lo dominar. São todos na realidade, escravos de si mesmos. Precisam agora, despertar e colocar o ego à serviço de suas consciências. Isso se trata de um processo lento, é preciso ferramentas que facilitem esse Despertar. É preciso que pessoas corajosas e compassivas como você, levem essas ferramentas até o povo de Alquimia. Para tanto, irás precisar de toda essa equipe espiritual. Seu canal de conexão com a espiritualidade está agora mais aberto, e conforme fores sintonizando, pedindo, confiando e se desenvolvendo, esse canal se ampliará.

A conexão inicial poderá receber interferências externas negativas, tanto de seres desencarnados de baixa vibração, quanto encarnados. A influência negativa de espíritos se dará pelo seu mental. Essa interferência será permitida porque isso ainda faz parte do seu aprendizado e treinamento dentro do plano físico da terceira dimensão. Tem muita gente em Alquimia que está sob o comando desses seres, sem se darem conta porque desconhecem o processo da mente, não conseguem distinguir o que é influência, do que não é.

Cada vez que você conseguir identificar e vencer tais interferências, se tornará mais forte e mais apto a concluir sua missão. Tais interferências também servirão para te manter em estado de alerta, sempre consciente e buscando uma conexão permanente com seu estado natural, seu espírito, que tudo sabe a seu respeito. Você vai aprender a silenciar a mente, e já iniciou o seu processo no passado, agora tem a força ancestral que o ajudará a conectar. Você já sabe que a natureza possui em abundância tudo o que você necessita para fazer e facilitar a conexão. Assim como você estará sujeito a receber influências de desencarnados, e também influências do seu próprio ego desejante, saiba que todos os outros habitantes também receberão tais influências. Então, busque perdoá-los antes mesmo que eles errem com você.

O Perdão o escudará de todas as influências negativas. *Pratique o perdão diariamente. O maior inimigo de todos os habitantes de Alquimia está dentro de cada um. Quanto mais identificarem o Ego e suas fraquezas, e praticarem ouvir a voz dos seus próprios espíritos, criarão sintonias com os espíritos de Luz. Todas as más influências ocorrem porque dentro dos influenciados habitam fortes identificações com o que vem do ego: raiva, medo, angústia, tristeza, vingança. Essas identificações adormecem o espírito porque são muito densas, pesadas. O que acorda o espírito e faz atrair os bons espíritos é o amor, a compaixão, a boa vontade, a caridade, a honestidade. Assim vencem as fraquezas humanas.*

Quando se acende a luz cessa a escuridão, porém não se trata de tarefa fácil, nem simples, é preciso se preparar. Você está aqui e agora para se preparar, para se tornar firme no propósito, para perder qualquer resquício de dúvida e para limpar seu coração. *Acabamos de desligar muitas sintonias que o seu espírito ainda* *tinha em vidas passadas. Essa é uma etapa importante, que será oferecida também aos habitantes de Alquimia por meio de muitas técnicas que chegarão por intuição e inspiração. E você estará apto para aplicar e ensinar algumas. Por isso você está aqui, vamos agora torná-lo apto a concluir sua missão."*

O Salvador, que conhecia como ninguém os alquimistas, estava agora refletindo sobre as dificuldades e resistências que encontraria ao retornar. Estava confiante, porém não sabia como quebraria a resistência dos governantes e políticos de Alquimia.

ABERTURA MENTAL, APRENDIZADO E DESENVOLVIMENTO

Alquimia era uma cidade-mundo, não era uma cidade qualquer, era um local preparado para transformar pessoas, porém, as pessoas não estando conscientes de si, como poderiam se transformar verdadeiramente?

Ele sabia que a missão seria perigosa e arriscada, estava disposto a morrer por isso, afinal agora compreendia que a morte não existe. Em nenhum lugar existe a morte, o que existe é a transformação. Constatar isso enchia o seu coração de alegria. Estava pronto para enfrentar as adversidades.

A nave estava sobrevoando cidades-colônias espirituais e explicações estavam sendo dadas para ele. O mundo e a realidade funcionam de forma enriquecida e cheia de complexidade.

Conforme os novos conhecimentos eram fornecidos ele ia formulando perguntas, tirando dúvidas, estava aprendendo. Na verdade, estava relembrando. Ele já havia tido acesso a essas informações antes do seu espírito encarnar nessa dimensão.

Quando o espírito encarna, esquece o que acontece nos planos espirituais para que possa viver as experiências no plano físico. Esse é o jogo do aprendizado do espírito em evolução, na roda das encarnações. Mergulha em Alquimia porque assim escolhe, quer aprender, quer passar por todo o processo de dissolução do ego, que se dá iluminando suas próprias sombras e pontos fracos.

Todos os sistemas evolutivos criados no Universo possuem ciclos, que quando se completam precisam se transformar em novos ciclos. O ciclo de Alquimia está chegando ao fim para que o Novo venha com todo o esplendor e frescor da transformação. Só que esse ciclo não se fecha na Natureza externa, é preciso que se feche dentro das pessoas, e é por isso que o plano espiritual encontra dificuldades. Por conta das mentes resistentes e acomodadas, não querem se desapegar do que receberam, do que acreditam. Querem continuar na zona de conforto.

O mentor continua: *"Dessa forma nossa ajuda se tornará grande agora.* **Novas ferramentas serão introduzidas para que se desbloqueiem as mentes condicionadas.** *As mentes estão enrijecidas em crenças, é preciso desbloquear para o novo ciclo entrar.* **Para tanto, também atuaremos no período de sono de vocês, enquanto dormem vamos abrindo espaço para que possam ter mais curiosidades ou para que consigam passar pelas experiências com mais visão espiritual.** *Nada no Universo pode parar, tudo precisa circular, mudar, evoluir.* **A zona de conforto mental é uma barreira criada pelo ego, que proporciona um estado falso de segurança.** *Quanto mais ego, mais trevoso é o estado do homem. É pelo Ego que a influência da escuridão entra".*

A questão do Salvador agora é como vai inserir tudo isso numa cidade-mundo, que sequer sabe que tudo isso realmente existe. O mestre diz: *"Filho, não tente sair do momento presente, você está aqui, tente se focar em absorver tudo, e quando chegar a hora de voltar para lá, saberás como fazer".*

Então ele se dá conta de que sua mente se transporta com facilidade para lugares de medo, antecipando um futuro que não existe. Ele começa a se observar e exercita a consciência sem tentar controlar o processo. **Percebe que quando se permite apenas viver conectado ao momento presente se sente completo e feliz.** Estava assim, começando a se descolar do seu ego. Identificava com mais facilidade os pensamentos vindos do ego e se percebe muitas vezes em um embate interno entre seu Ego e sua consciência.

Em muitos momentos o salvador oscilava entre picos de felicidade e picos de frustração por ceder aos pensamentos egoicos. Agora o mentor explicava a terapia feita no plano espiritual durante o período intervidas. **Esse processo terapêutico se resume à uma tomada de consciência do espírito daquilo que havia se proposto a fazer antes de encarnar, com o que de fato fez, ao encarnar.** São exibidas num telão todas as vidas anteriores, paralelas, a atual e as futuras. Geralmente não há o cumprimento do que fora combinado pelo próprio espírito, o que faz com que ele tenha que voltar novamente. Os espíritos, por meio de escolhas e comportamentos, acabam se conectando negativamente gerando carmas entre si. Foram assim, limpas algumas conexões negativas que prendiam ele aos padrões de dúvida, ceticismo e insegurança.

E assim o espírito fica indo e voltando durante séculos, milênios, até que vai se purificando. Quando estiver puro vai para outros planos que não necessitem do ego, planos que levarão o espírito a novos aprendizados. Enquanto necessitar descamar seu ego, volta para a terceira dimensão, encarna com uma consciência individualizada. Após se purificar por completo e já não mais cair nas armadilhas do seu Ego, esse espírito funde sua consciência individual com a "consciência cósmica" ou com sua mônada e já não retorna mais para a roda de encarnações, se liberta. Sai da roda de Samsara*, ou seja, a roda do karma.

Essa técnica do mundo espiritual agora poderá ser aplicada no plano físico, porém será guiada pelos mentores espirituais de cada pessoa. Somente os mentores espirituais saberão o que o indivíduo deverá acessar para lhe ajudar a desligar, desbloquear e ir se liberando dos padrões repetitivos do ego, mas para isso deverá haver uma pessoa encarnada para auxiliar o processo, com conhecimento da mente e seus processos.

O Salvador agora aprendia a como ajudar as pessoas de Alquimia com técnicas de desbravamento do inconsciente para purificação, conscientização e descamamento do ego.

Começou a passar por algumas regressões e seu mentor o ajudava a tomar consciência de seus padrões, aprendeu a como conduzir, como induzir à expansão da consciência, a como utilizar as táticas, como vencer as dificuldades dos diferentes perfis de personalidade e como auxiliar as pessoas a olharem para dentro de si.

Fez uma imersão em si mesmo. Estava impressionado com o tamanho infinito que tem o inconsciente, se sentia leve, mas agora precisava descansar antes de começar a aprender a próxima forma essencial de curar a si mesmo: a meditação.

A meditação agora o faria aprender a escutar sua consciência divina e identificar o ego com mais facilidade, reduziriam os conflitos internos resultantes desse embate puramente mental entre o ego e a consciência.
Depois da meditação aprenderá a limpar e energizar os

centros de energia do corpo. Após dominar essas técnicas, estará pronto para retornar para Alquimia e enfrentar o teste de fogo. **Terá que aprender a se relacionar com os outros sem se perder de si mesmo**, pois os outros despertarão nele gatilhos, botões serão acionados, e então terá que praticar e integrar os aprendizados recebidos.

É por meio dos relacionamentos que todos aprendem na experiência física a dialogar, negociar e perdoar. **As relações revelam profundamente se as lições foram realmente absorvidas e aprendidas.**

Após um longo descanso, agora o Salvador aprenderá a meditar. Foi-lhe explicado pelo mestre que existem inúmeras técnicas de meditação, porém, para adiantar o processo de desligamento dos padrões inconscientes de reatividade, nesse momento seria cabível a técnica de **meditação Vipassana.**

A aula se inicia: *"Para aprender a meditar com consciência, é necessário compreender que há em paralelo um movimento de conexão com o espírito e com as forças espirituais, por meio dos chakras superiores, principalmente o coração e a coroa".*

A partir dos sentidos, o homem faz contato com o mundo exterior, e cada contato provoca uma sensação física, cada sensação, provoca uma reação, mesmo que o indivíduo não esteja consciente. Fica assim, um registro no inconsciente, e dessa forma vão se acumulando inúmeras reações a nível inconsciente, que formam blocos de reações ao longo do tempo, conforme a mesma reação vai se repetindo. Geralmente são essas reações repetitivas que formam a personalidade congênita, a qual o indivíduo vai levar adiante nas próximas encarnações, até que consiga transmutá-la. Cada reação emocional provoca um determinado tipo de sensação física. Isso ocorre porque o corpo físico é constituído por partículas subatômicas, que vibram de acordo com os pensamentos e sentimentos. Cada partícula é constituída pelos quatro elementos existentes em toda a natureza: Água, Terra, Fogo e Ar. Todo o corpo físico é constituído por esses quatro elementos: o sangue, os ossos, os gases, assim como a intensidade em que ocorrem as conexões.

Biologicamente o ser humano não possui condições de ter acesso a todas as memórias registradas em seu vasto inconsciente, porém elas estão lá, e dependendo da carga emocional negativa vivenciada no passado, acarretarão sintonias que interferirão no momento atual da pessoa. Essas memórias, ainda vivas e atuantes, se manifestam por meio das sensações. Sendo assim, quando a pessoa se torna consciente das sensações do corpo, ela pode eliminar essas memórias e blocos de memórias, que atuam como bloqueios nas experiências da vida atual. É disso que se trata essa técnica de meditação.

Quando o meditador se concentra nas sensações corporais, percebe que elas são: ou sutis, ou grosseiras e intensas. Percebe que podem ser sensações de temperatura frio ou calor, coceira, ossos pesados, formigamentos etc. Todo tipo de sensação será resultado da interação e vibração dessas partículas subatômicas. Elas surgem e desaparecem muito rapidamente, todo o tempo, o tempo todo.

O corpo físico na realidade não existe. Nada no mundo é sólido, é uma ilusão necessária para que haja a experiência na terceira dimensão. Essas partículas aparecem e desaparecem, sua força e intensidade vão depender de como funciona a mente de cada indivíduo e das reações armazenadas em seus inconscientes.

Percebe a complexidade meu filho? E vocês acreditando que sabem tudo.... estando na terceira dimensão, os cérebros de vocês não podem compreender nem um terço da realidade e do verdadeiro conhecimento.

Pensamentos e emoções superiores geram sensações sutis, ao passo que pensamentos e emoções inferiores geram sensações grosseiras, densas.

Quanto mais inferioridade, maior o sofrimento, maior a reação, maior a loucura. O ego fica no domínio e o ser vai se comprometendo, acumulando reações egóicas, vida após vida.

Essa técnica pede muito foco, atenção e consciência nas sensações corporais. O meditador focaliza toda a sua atenção nas sensações no topo da cabeça, permanecendo ali por um tempo e vai descendo parte por parte do corpo, até chegar nos dedinhos dos pés, e então volta a subir.

Conforme se torna um observador consciente do que ocorre no seu corpo no nível das sensações, estará automaticamente fazendo emergir e trazendo à tona as reações ou os blocos de reações armazenados na mente inconsciente. É muita coisa para limpar, muito sofrimento vem à superfície. Conteúdos dessa e de outras vidas. É uma técnica de meditação que liberta do ego, purifica. O meditador vai se tornando consciente de que, por mais dolorosa ou incômoda que a sensação pareça ser, ela vai passar, surge e desaparece, nasce para morrer. Tudo se transforma. Tudo é impermanente.

Quando o meditador consegue se manter consciente da sensação, sem se apegar a ela e sem perder o equilíbrio da mente, consegue assim eliminar e erradicar todo o sofrimento ali registrado. É assim que se dá a relação entre a mente e a matéria.

É um instrumento valioso para se conectar com a realidade tal como ela é, sem ilusões do ego. O ego vai sendo dissolvido.

Se o indivíduo conseguir modificar os padrões mentais e os pensamentos, vai deixando de reagir aos estímulos externos, deixa de ser dominado, iludido pelas sensações do plano físico, passa a ser guiado pelo espírito e pelas forças superiores.

Filho, você tem alguma dúvida até aqui?"

O salvador de Alquimia estava perplexo, conseguia acompanhar as explicações. Compreendia tudo. Precisaria agora sentar e se concentrar para observar na prática a realidade da existência se manifestando dentro do seu próprio corpo.

"Então você agora vai passar um período na floresta praticando. Poderá me chamar mentalmente, que irei auxiliá-lo quando necessário, o objetivo é que você fique no seu silêncio mental se observando e se purificando. Não perca o foco, tudo o que você precisar será providenciado nos horários certos, alimentação, higiene pessoal, descanso e qualquer coisa que necessite para que seus períodos de meditação sejam bem sucedidos. O único e maior obstáculo, que você encontrará será a sua própria mente. Quando perceber que ela divagou, sorria da sua própria loucura e retorne ao foco, observe as sensações físicas, continue a trabalhar persistentemente".

Ele estava entusiasmado, queria passar pelo processo vivencial, e logo aterrissaram a nave na floresta, em um local preparado. Para a sua surpresa havia outras pessoas, que assim como ele, estavam ali vindas de outras cidades, também sendo preparadas para as suas respectivas missões. Precisavam purificar suas mentes para conseguirem concretizar seus objetivos.

Ele ainda carregava dentro de si algumas reservas emocionais, que certamente o atrapalhariam na sua missão. Havia um pouco de sentimento de culpa por não ter compreendido a importância do seu papel, e entendia que o medo o havia estagnado. Essas reservas agora seriam eliminadas com a meditação.

No período em que ficou ali passou por uma cirurgia da mente, firmou também o canal espiritual. Ao dominar sua própria mente agora conseguia perceber quando a espiritualidade se aproximava, o barulho mental começou a reduzir. Sua prática estava indo muito bem, suas dores vinham à tona, ele as aceitava, compreendendo que as defesas e as reações do ego acumuladas, precisavam sair, para que o amor e a compaixão aflorassem e se firmassem.

Quando há medo, culpa, raiva, tristeza e outros sentimentos provenientes das identificações do ego, o canal da luz e do amor fica obstruído, o ser fica iludido, separado da sua essência. Portanto ele estava limpando o negativo para que se tornasse realmente capaz de lidar com os políticos e habitantes de Alquimia. Sem amor e compaixão ele jamais conseguiria, porque reagiria a eles. E caso reagisse, atrairia para si a reação de todos, o que fatalmente o desequilibraria e desestabilizaria todo o seu campo de força.

Durante os primeiros dias, ele se firmou na técnica, nunca havia meditado, então sentia dores por todo o corpo. Manteve-se focado. Teve alguns fortes momentos de tristeza e medo, se tratava da limpeza que a técnica proporciona, ao trazer à tona blocos de reações acumuladas do passado. Não há como se iluminar sem dor, pois se acessa a escuridão. Seus sonhos durante o descanso eram vívidos e muito reais. Vieram muitas memórias da infância e também de outras vidas, de outras realidades.

Sentia a presença dos seus guias e pôde conversar com eles. Observava seus diálogos internos e buscava não embarcar nos pensamentos. Começou a realmente se conhecer, sem máscaras nem defesas. Nos últimos dias, observava a natureza com mais amor, tudo lhe parecia mais harmonioso e colorido, o sentimento de gratidão estava sempre presente. Conseguia perceber e sentir as energias, suas meditações estavam intensas, podia sentir um fluxo livre de vibrações por todo o corpo. Agora tinha a certeza pela sua própria experiência, que nada é sólido, e que a consciência existe além do corpo. Entendeu que estar num corpo físico transitório e impermanente era um privilégio.

Quando finalmente o silêncio cessou e ele pôde trocar experiências com os outros meditadores, não estava sozinho com suas experiências. Todos haviam tido experiências incríveis durante aquele período. Se fortaleciam na medida em que compartilhavam entre si suas vivências.

Se despediu de todos e foi caminhando pela floresta na certeza de que seria surpreendido pela nave e os mentores. Estava muito satisfeito consigo mesmo, a vida estava agora com um brilho e um sentido e a manutenção desse estado dependia somente dele. **Sua estabilidade mental e emocional manteriam o estado de conexão interior.**

O CAMINHO DE VOLTA, INTUIÇÃO E SINCRONICIDADE

Ele não fazia ideia de quanto tempo havia passado desde que fora expulso de Alquimia, lhe parecia que o tempo corria sem que ele pudesse sentir. Se sentia jovem, porém, certamente, não tinha mais 30 anos, caminhou bastante pela mata e ainda não havia encontrado ninguém, encontrou então uma árvore e se sentou debaixo dela para descansar.

Começou a sonhar que chegara à Alquimia e que a cidade estava em chamas, o medo havia dominado a todos, a revolta estava por toda a parte, as crianças haviam crescido, o tempo havia passado, as discordâncias afloraram. Os políticos dominadores utilizavam o manual para manipular o povo, porém alguns começaram a demonstrar insatisfação em relação à incoerência e hipocrisia. Começara uma revolução.

Ainda no sonho, ele via o povo contra o governo e quando chegou em Alquimia, não encontrou resistência, entrou na cidade, caminhou em direção à sua rua para ver como estavam os membros de sua família. No caminho, ninguém parecia se importar com nada, a cidade estava em estado caótico. Quando chegou em casa viu seus netos na porta conversando, e então seguiu na direção deles, foi direto abraçar um deles e percebeu que ninguém o podia sentir. Tentou abraçar o outro neto, mas também não parecia notar sua presença. Começou a falar alto e ninguém o podia escutar. Percebeu que não tinha corpo físico e não existia mais no plano físico. O tempo passara e ele não percebera que havia morrido. Entrou em estado de choque porque havia sido preparado para concluir sua missão e agora não poderia, estava desencarnado.

Acordou no susto e respirou aliviado por ter sido somente um sonho ruim. Caminhou mais um pouco pelo mato, comeu algumas frutas no caminho e se sentou numa pedra para meditar. Aquele sonho ainda estava vívido em sua memória. Seus pensamentos começaram a fixar na ideia do tempo. Queria saber quanto tempo já estava fora de Alquimia, chamou seus guias em pensamento, mas eles não pareciam ouvir, durante a meditação ele sente medo, pede perdão por estar se sentindo assim, e ora pedindo orientação e intuição para os próximos passos. Joga seus temores para a espiritualidade amiga e se levanta para continuar sua caminhada.

Vai seguindo alguns passos marcados ao longo da trilha, seu coração lhe pede para voltar para Alquimia, e silenciosamente, caminha em busca da estrada que o leve até lá. **Sente-se sozinho, mas não desamparado, afinal, agora sabe toda a Verdade.** Sente que estar sem sintonia com o mundo espiritual significa que precisa nesse momento, estar a sós com seus pensamentos e em total liberdade.

Segue caminhando, chega numa bifurcação. As pegadas nas trilhas desaparecem. Precisa seguir a sua intuição, e entende nesse instante, que não pode ficar dependente de seus guias espirituais. Precisa confiar em si mesmo, escolhe seguir pela direita, sente que escolheu bem, fica feliz pela estrada ser tão colorida e cheia de flores. O cheiro é maravilhoso e faz lembrar sua juventude em Alquimia.

Está se fortalecendo, se sentindo bem e seguro, relembra as aulas, o passeio com a nave, as orientações, todos os momentos com os amigos espirituais. Chega num riacho. O barulho e a limpidez das águas, trazem um estado de contentamento, e assim ele relaxa. Entra na água, se sente pleno, em união com a Natureza. De dentro da água olha para a margem, vê a luz batendo numa pedra e abaixo dela avista algo semelhante a uma folha de papel. Não tem muita certeza do que vê, e então vai nadando até lá. Sai da água, retira a pedra e pega a folha. Para a sua surpresa, sim, era uma folha de papel, havia sido molhada, mas o sol a secara e dava para ver, mesmo que um pouco apagado, era um mapa.

Ele começou a tentar entender o mapa, mal havia começado, quando chegaram algumas pessoas no local. Ele rapidamente se sentou em cima do mapa para que elas não vissem, fingiu estar meditando. As pessoas pareciam ter pressa e procuravam algo, ele lembrou que àquela altura não havia o que temer, e se abriu para viver aquela situação. Percebeu que estavam um pouco ansiosos e resolveu perguntar o que eles estavam à procura.

O grupo prontamente se apresentou e disse que vinha de uma cidade distante, mas que não queria voltar para lá porque recebera uma missão. Agora eles tinham que encontrar uma cidade chamada Alquimia, e estavam à procura de um mapa. O Salvador pensou que seria muita coincidência e compreendeu que aquele encontro não era por acaso. Não pensou muito para dizer que estava com o mapa abaixo de si. Todos riram e o mensageiro pôde contar a sua história. Ao final, perguntou qual era a missão do grupo em Alquimia e o que poderia significar esse encontro.

Um dos membros do grupo disse que a missão seria revelada no caminho, estavam um pouco ansiosos para achar o mapa porque nele contém orientações. Um deles diz: "Nós viemos de uma civilização um pouco mais avançada e possuímos uma metodologia que será importante para a nova etapa evolutiva de Alquimia. Não sabemos exatamente como tudo se dará. Vamos agora estudar o mapa juntos."

O Salvador pergunta: "Mas como esse mapa veio parar aqui? E por que eu achei primeiro? Como pode tamanha sincronicidade?"

"Bem, como sabemos, todo o Universo possui uma harmoniosa comunicação, quando estamos no caminho certo para nós, essa comunicação se dá em forma de sincronicidade."

"Mas isso então quer dizer que nosso encontro já foi premeditado por alguém? Será que estamos juntos na mesma missão? Qual a metodologia que vocês utilizam? Lembro-me que um dos mentores havia dito, que faltaria uma etapa no meu treinamento antes de retornar para Alquimia para concluir a minha missão."

"Sim, acredito que fazemos parte da sua última etapa do treinamento. Nós temos autorização para tomarmos qualquer forma física enquanto estivermos fora da nossa cidade-mundo. Essa autorização de transformação e camuflagem nos foi passada por seres responsáveis por Alquimia. Então agora tudo parece fazer um pouco mais de sentido pois então, podemos te ensinar a técnica de cura para que você possa aplicar nos habitantes de Alquimia; enquanto nós, estaremos auxiliando como pudermos de outras formas. Vamos aproveitar esse ambiente para fazermos juntos uma meditação, que nos auxiliará a ativar o centro de energia do nosso coração, o que tornará a técnica mais eficaz, por nos conectar com a nossa máxima capacidade de amar e sentir compaixão por todos os seres. Nos preenchermos com o amor divino facilita a canalização de energia, assim como a absorção naquele que recebe a energia projetada. Nosso campo áurico – o corpo de energia que nos envolve – deve sempre estar preenchido de amor e compaixão. Essa é a única forma de passarmos a energia sem que haja a perda dela, e ao mesmo tempo nos protege contra possíveis ataques energéticos negativos. Então vamos à meditação do amor, vamos nos libertar de qualquer emoção negativa e vibrar amor. Amor para tudo ao nosso redor, para toda a criação, para todo o Universo."

E naquele momento em que todos fecharam os olhos com a intenção de amar e se conectar ao mais profundo amor, acendeu uma luz dentro do mensageiro, e tudo ficou rosa, uma onda invadiu seu coração, seu peito transbordava de compaixão por tudo, cada respiração, cada ar que entrava e saía parecia traduzir a gratidão que sentia por estar vivo. Era de longe o sentimento mais nobre e puro que havia tido até ali.

Agradeceu profundamente a vida, da exata forma que se apresentava. Seu amor e compaixão iniciavam dentro de si, era uma onda de confiança que se estendia a todo o resto, como se tudo fosse uma coisa só. Se sentiu parte do Todo e o Todo era ele. Poderia ficar ali por toda a eternidade. Ele estava tranquilo de quem ele era, e tudo o que estava aprendendo a respeito da espiritualidade criava raízes dentro dele. A Verdade interior se revelava. O Universo se abria para ele ali naquela experiência de amor em estado meditativo. Ninguém estava lhe contando, ele estava vivenciando por si mesmo.

Podia sentir seu corpo alinhando e os centros de energia vibravam, todo o seu corpo vibrava harmoniosamente. Conseguia sentir cada centro de energia e cada chakra emanava uma cor, e dessas cores ele percebia sair uma finalidade específica. Estava sendo revelado um entendimento profundo sobre cura e energia, que brota do sol, dos alimentos e do ar; ele sentia a energia vital, o prana, que seria manipulado para curar enfermidades da alma e do corpo físico.

Foram sendo liberados também, conhecimentos magísticos e, conforme eram fornecidos, o mensageiro recebia força interior e firmeza no pensamento. Estava sendo alimentado de Prana e de clareza mental, espiritual, emocional e física. Agora conseguia compreender que toda magia se trata de intenção, força mental, firmeza do pensamento e manipulação da energia prânica. Ele estava acessando tudo isso para sair dali um verdadeiro mestre curador.

Ao abrir os olhos com uma grande vontade de compartilhar com os amigos a experiência que acabara de ter, se deu conta de que não havia mais ninguém ali. Pensou: "Meu Deus... quanto tempo será que me ausentei? Para onde foram?".

Havia pássaros cantando e pareciam brincar por entre as enormes árvores, o ambiente estava preenchido de amor e entusiasmo.

O Salvador não sabia como, mas sentia que estava 100% pronto para o retorno. Não sentia medo, sentia uma firmeza interior nunca antes galgada por ele. Seu ser estava completamente conectado ao seu espírito. Sentia alegria.

Seguiu seu caminho. O mapa continuava com ele, pois os amigos o deixaram numa pedra, agora estava acompanhado por pássaros cantantes e seres dançantes, pareciam gnomos e fadas.

A CHEGADA E OS REENCONTROS

Caminhava, caminhava, caminhava e percebia que sua mente mesmo com o passar de tantas horas, não mais desarmonizava. Agora estava se dando conta de que não havia mais pensamentos negativos. Estava repleto de dinamismo e energia.

Os pássaros e seres de Luz da floresta o acompanhavam, e assim se deu, até a sua chegada à Alquimia.

Avistou os portões, agora havia muros, feito muralhas, altas, com seguranças. Deu a volta e avistou o portão principal, onde havia guardas e uma extensa fila de pessoas querendo entrar na cidade. Mas agora a repressão era intensa e os homens do Manual não permitiam a entrada de mais ninguém antes de uma enorme bateria de perguntas e revistas.

A rigorosa repressão se dava por causa do medo que tinham de perder o poder.

Agora o salvador precisaria de ajuda para conseguir entrar. E a ajuda não tardou a chegar.

Apareceram, como um milagre, cinco tigres enormes e prontos para atacar. Foram na direção dos guardiões. O portão virou um alvoroço enorme, uma verdadeira confusão. E, dessa forma, o salvador não encontrou dificuldade para entrar rapidamente em Alquimia.

Seguiu em frente sem olhar para trás. Sabia que recebera ajuda, e assim, seguiu confiante para a casa onde habitavam seus familiares de sangue. De longe avistou seu neto, que agora já estava adulto. Se assusta com a velocidade que passara o tempo. Ele se sentia mais jovem do que nunca, porém percebia que o tempo voou. Era seu estado mental, estava maravilhado com o poder da mente e de como havia passado por uma verdadeira purificação.

Seu neto estava no jardim cuidando das flores. O mensageiro se escondera atrás de uma árvore para não ser visto, aguardava uma oportunidade para agir. Não podia ainda revelar a todos a sua atual condição e sabedoria.

O Salvador fica atrás da árvore por algum tempo preocupado, porque não queria que sua aparição criasse alardes e o descobrissem na cidade. Foi então, que um pequeno cachorro se aproximou da árvore e começou a latir. Após latir por mais algum tempo, seu neto vai até o local, como se estivesse sendo avisado pelo cachorro que seu avô estava ali. E então, ele se aproxima da árvore já sabendo intuitivamente que seria seu avô. Já era tempo.

"Estava te esperando voltar há tanto tempo, vovô. Que bom! Sabia que era chegada a hora. O que vamos precisar para que se inicie a mudança em Alquimia? Nós, aqui, infelizmente, caímos no domínio ditatorial e coercivo dos Homens do Manual. **Precisamos de uma intervenção divina.**".

Se abraçaram longamente com ternura.

"A intervenção divina acontece dentro de nós, não há mágica, é preciso que queiramos, e assim, vamos recebendo oportunidades no tempo certo de cada um. Chegamos sim, a um momento propício para uma mudança a nível coletivo, porém, agora precisamos ativar e acelerar o processo com algumas ferramentas. Já possuo o domínio de algumas delas, e vim para compartilhar todo o conhecimento que me foi dado, e dessa forma, cumprir com a minha missão aqui. Vamos agora planejar para que tudo ocorra bem".

O neto já esperava por esse momento, então já havia feito um mapa atual da cidade, com todos os pontos importantes que precisariam ser vistos com máxima urgência.

Ao fundo da cidade, havia sido construído um "presídio" para onde vão todos aqueles que se arriscam ou arriscaram a falar a verdade, abrindo profecias, visões, sonhos e também todos os que tinham o dom de ver e falar com os espíritos dos ancestrais e guias da humanidade. Eram colocados lá como charlatões, "loucos" e perturbadores da paz.

Não se sabe ao certo o que é feito lá dentro, nem o tipo de tratamento que os ditos loucos recebem.

Existe um outro lado da cidade onde pode ser perigoso ir porque é onde residem todos os ligados ao manual, os homens comandantes, autoridades, todos os que tem o poder. As matas, e praticamente todos os locais onde há natureza, foram cercados e protegidos por esses homens para impedir que os sensitivos entrem e consigam se conectar, e assim aumentar suas energias por meio do contato com a natureza.

O Salvador percebia que estava tudo dominado, passaram toda a tarde arquitetando o que poderia ser feito, era preciso cautela e precisão, porque existiam muitas vidas em jogo. **Era preciso confiar e ao mesmo tempo saber agir.**

Os dois param para descansar e o Salvador se recolhe para meditar e orar. Ele se sente emocionado por estar de volta e constatar como a realidade da existência é totalmente diferente daquela que os habitantes de Alquimia estão conectados. **Ele compreende que a mente humana se deixa apegar facilmente por crenças e que grande parte delas impede o avanço e o contato com a "mente divina".** Estavam todos fora de alcance, ele não sabia o que fazer, nem por onde começar. Precisaria de muito amor no coração para não sentir medo. Acabou caindo no sono.

No meio da madrugada ele acorda e resolve sair para caminhar pela cidade, que estando deserta facilitaria o contato com suas emoções possibilitando organizar seus pensamentos. Vai caminhando pelos pontos que costumava ir quando era jovem, passa pelas casas de amigos, relembra momentos importantes, vai se conectando e fichas vão caindo. **Parecia que seu olhar estava sendo modificado, tudo parecia se encaixar dentro dele.** Um novo sentido se abria, e então ele se permitiu parar para descansar um pouco, acabou por se deitar num jardim, próximo à casa do diretor do hospital da cidade.

O salvador não sabia, mas estava prestes a se deparar com uma realidade muito triste. Contemplava o céu estrelado e sentia saudades dos amigos de Luz.

Aquele era o horário que o diretor acordava para ir para o hospital. Tomou seu café, como de costume, e subiu para tomar banho e se vestir. Ao subir as escadas e olhar pela janela avistou um homem deitado em seu jardim, olhando para o céu, como se nada o preocupasse nem merecesse sua atenção. Tentou ver melhor, mas o dia ainda não havia clareado o suficiente para conseguir identificar o rosto. Se arrumou rapidamente e desceu para checar.

No jardim ele se aproximou do homem, que continuava deitado, mas parecia acordado e contemplativo. Quando chega bem perto ele pergunta se está tudo bem. Imediatamente o homem se senta e responde que sim, pede perdão por estar ali, levanta e agradece os bons momentos, que passara ali recordando como fora sua juventude ali naquela redondeza.

O médico e diretor do único hospital da cidade diz que tudo bem, não havia problema, mas que gostaria de saber por onde ele andou para chegar ao ponto de sentir saudade. Visto a cidade ser pequena, ele não poderia ter ido muito longe, embora parecesse que, havia sim, partido e retornado.

O salvador responde que esteve viajando por um tempo em busca de respostas, e enquanto falava, começou a se arrepender de estar falando tanto, porém não sabia compreender por que continuava a falar, de alguma forma se sentia bem na presença daquele homem. Sentia-se confortável, como se fossem verdadeiros amigos.

O diretor do hospital ouve atentamente e fica completamente absorto e curioso a respeito dessa viagem fora de Alquimia. Tinha em poucos minutos de conversa milhões de perguntas a fazer. Não conseguia entender como ele havia conseguido sair da cidade, e tampouco conseguia entender como havia conseguido retornar.

Como ele precisava ir para o hospital, resolveu convidar o homem para ir com ele, e então, o mostraria a cidade em seu carro. Os tempos eram outros, e como Alquimia havia crescido em tão pouco tempo. Como agora tudo cheirava à poluição e a energia circulante era esfumaçada, meio escura. **O salvador se sentia um pouco mal, mas aceitou o convite, afinal, esse homem o olhava diretamente nos olhos, e percebia nele um ar triste, e logo percebe que ele vive para trabalhar.**

No caminho, o homem fala sobre toda a situação política de Alquimia, dá sua visão particular, e conforme fala, também vai apresentando a cidade, que para os olhos do salvador parecia uma nova e outra cidade.

O salvador escuta tudo com muita atenção e se entristece com a visão do homem, tanta desesperança, tanta aceleração na fala e nos pensamentos, não havia nenhum espaço entre um pensamento e outro, não havia silêncio. Havia muita indignação e, ao mesmo tempo, resignação. Ele apenas cumpria ordens e fazia "o que tinha que ser feito" aos olhos dos homens do Manual "Sagrado", o livro que continha as palavras de "Deus" para todos os homens.

"Livro sagrado?!" – pergunta o salvador com tom de preocupação.

"Sim, sagrado, porque contém os ensinamentos sagrados, que vieram direto dos céus, são leis iluminadas, que vieram para ajudar Alquimia a ter esperança mesmo em tempos tão difíceis".

O salvador inquieto pergunta: "Mas meu amigo, o que aconteceu com Alquimia é muito grave, você percebe que estão sendo manipulados por mentes ambiciosas e dominadoras? Alquimia é uma cidade abundante, foi projetada para nos dar tudo, o homem com medo de perder a abundância, quis detê-la somente para si, sem permitir que os demais acessassem suas mentes criativas. Todos estamos aqui para exercer a liberdade de pensar, de criar, de manifestar. O Manual Sagrado está repleto de dogmas que acabam por limitar toda a potencialidade dos seres que aqui habitam!".

"Calma, você não deve estar compreendendo bem... Alquimia está sim perdida dentro de si mesma e a única forma que temos para ajudar, é irmos vivendo e trabalhando para conseguirmos nosso sustento e ajudar nossas famílias a terem o básico para uma boa sobrevivência. Há tanta gente aqui em situação de risco, tantas pessoas perdendo a sanidade e sem dinheiro, que se envolver com utopias e ideologias seria apenas tentar fugir da realidade.

O melhor que você tem a fazer é entrar no hospital comigo e ver com os seus próprios olhos a realidade. E então você poderá decidir se irá continuar com essa história de que abundância está aí para todos".

A REALIDADE TAL COMO ELA É – O ENFRENTAMENTO

Eles chegam ao hospital, o salvador aceita entrar com ele e caminhar por todos os andares. Para a sua surpresa, o primeiro andar era dos pacientes psiquiátricos, e logo ao sair do elevador, ele se sente atraído para uma porta de um dos quartos, ela estava entreaberta e de lá saía muita luz. Conforme ia se aproximando, a luz era tanta, que chegava a ofuscar sua visão.

O diretor percebe que o salvador caminhava naquela direção, o acompanha até lá, passa a sua frente e abre a porta para que ele entre.

"Aqui é o quarto de um paciente que a família renega, o consideram louco e não o querem mais. É uma família onde a maioria dos homens faz parte da política de Alquimia, são muito influentes e seguem à risca o Manual da Vida."

"Mas o que exatamente ele fez para que o renegassem?"

"Ele quase pôs tudo a perder, criou uma grande confusão. Tinha alucinações gravíssimas, dizia prever o futuro desastroso de todos, caso o Manual continuasse sendo o livro da Vida. Ele se arriscou muito ao dizer tudo o que disse, quase foi executado, só não o foi por ser filho de quem é. A família preferiu deixá-lo aqui, e o tratamento vem fazendo muito bem para ele, está mais calmo".

O salvador começara a perceber, que a luz que vinha de dentro do quarto não era visível para as pessoas ao redor, nem mesmo para o paciente, que dormia feito um bebê de boca aberta no leito. Com toda aquela luz, ele jamais conseguiria dormir, caso a pudesse ver.

Os dois se aproximam do leito, tentando não fazer muito barulho para não acordá-lo. Há mais um paciente com ele no mesmo quarto. Ele está no canto, somente observando o salvador entrando pela porta. O observa de cima a baixo, enquanto o outro paciente dorme.

O salvador não viu que havia outro paciente no quarto, e quando o mesmo tocou-lhe o ombro ele se assustou, focou olhos nos olhos e achou aquele rosto familiar, embora não conseguisse identificar de onde o conhecia.

O paciente encarou-lhe e disse em voz baixa, quase sussurrando em seu ouvido: "O senhor vê toda essa luz? Sei que vê. Então sabes que somos luz e estamos sendo dominados por um sistema escuro de pessoas escuras, que nos deixam aqui para morrer como traidores, sendo que os que traem as leis da existência são eles. Estão acabando com Alquimia! Por favor, tire-nos daqui!"

O salvador se sente emocionado e estava chegando perto da verdade. Ali naquele hospital ele sabia que encontraria ainda mais pessoas e novas informações a respeito de como se tornaria possível concluir sua missão. Porém, para se preservar, e não o colocarem entre os loucos, fingiu não compreender nada do que o paciente lhe dizia. Virou de costas para ele e seguiu em direção à porta do quarto, olhou para trás e se despediu acenando com a mão. O paciente ficou intrigado e acenou-lhe de volta dizendo: "Nos veremos em breve?" O salvador pisca com um olho e segue pelo corredor.

O diretor pergunta se está tudo bem com ele, checa se o paciente o havia incomodado. O salvador lhe responde que não, porém continua a fingir não ter entendido o que ocorrera. Juntos vão caminhando e conversando sobre os pacientes. Logo o diretor é chamado por um dos enfermeiros às pressas, que diz haver uma emergência em um dos quartos. Todos seguem apressados para atender ao chamado de um paciente, que se encontrava aos berros, desequilibrado, chamando pelo salvador, e dizendo que um portal iria se abrir à meia noite. Para a equipe ele estava em delírio, então o medicaram.

O salvador se aproximou do paciente, que logo mudara de atitude, se acalmou para conseguir conversar. Olhava bem nos olhos do salvador, e parecia o reconhecer. Sem demora se calou completamente, virou o olhar para cima e apontou para o teto. Era um portal, nitidamente um portal de luz. O salvador mirou e mal podia acreditar no que via.

Acontece que ninguém mais via o portal, somente ele e o paciente, que estava internado por ser considerado louco. Aliás, o salvador estava se dando conta de que, era mais um hospital psiquiátrico do que qualquer outra coisa. Todos os que possuíam uma visão mais sensitiva, que não podia ser encaixada no que era ensinado no Manual da Vida, eram colocados ali para não contaminarem os habitantes da cidade com suas ideias. O número de loucos era enorme e havia também uma prisão da qual o salvador havia ouvido falar, mas ainda não tivera a oportunidade de conhecer.

Ele aproveita que o diretor precisou resolver uma questão com a equipe, e seguiu pelo hospital, caminhando e refletindo sozinho. Enquanto caminhava, sentia seu coração bater forte, parecia estar se conectando a uma força maior dentro dele, era como se estivesse agora ainda mais seguro de que sua missão realmente estava escrita, se sentia feliz como nunca antes. Poderia ajudar toda essa gente a viver novamente de forma abundante, livre e amorosa. Só ainda não sabia exatamente como.

O Amor nunca falha

Ao retornar de sua caminhada pelo jardim do hospital e ouvir, observar muitas pessoas e conversas, ele se dá conta do que ocorre realmente. Era como se em sua cabeça viessem clarões de respostas e dessa forma seu coração limpo e mente tranquila trazem respostas claras.

Ele se senta para comer um sanduiche na cantina e ao terminar fecha os olhos agradecendo por tudo, e rapidamente se encontra em um outro local, uma outra dimensão. A luz era tão forte que mal conseguia manter os olhos abertos.

Seres brancos sem a forma humana se aproximam, impõe as mãos sobre ele e telepaticamente informam que estão ali, cuidando dos portais dimensionais e de todos os sensitivos que se confundiram com tantos rótulos e diagnósticos. Explicaram que muitos ali internados acreditam serem loucos ou mentalmente perturbados. Outros ainda possuem a lucidez de que são apenas diferentes por terem poderes que a maioria não tem ou que pelo menos não despertou para isso. Um ser de luz se aproxima ainda mais até que ele consiga enxergar seus olhos com nitidez. Ele era branco com cabeça oval e olhos pretos grandes, tinha um crucifixo brilhante pendurado próximo ao pescoço.

Esse ser explica que os dons e poderes paranormais foram recebidos por uma razão, e sempre a razão é o bem, o auxílio nas etapas da evolução de uma determinada época. Além de serem comunicação com partes de si mesmo em outras dimensões.

"A própria descoberta dos dons se dá de forma processual, o ser vai se descobrindo, e conforme vai se aproximando de sua essência, seu lado puro, luminoso vai mostrando o caminho... No caso de Alquimia, os habitantes começaram a espalhar medo e foi um portal de entrada para outra forças se conectarem e impedirem o progresso e a autodescoberta luminosa... Agora o momento é de muito Amor, fonte de toda a confiança, para que você mantenha sua conexão essencial e possa ajuda-los a resgatar a autoestima, a coragem, a confiança que perderam ao longo de todos esses anos. Dentro desse hospital estão os seres mais poderosos, com mentes fortes e brilhantes, com capacidades importantes, diferentes e complementares. Eles devem relembrar quem são, se unirem e planejarem os próximos passos. Inicialmente haverá batalha, pois os corações endurecidos criarão resistência feroz e voraz. Porém, irão com o tempo enxergar que de fato se equivocaram e que necessitam amar para serem amados, perdoar para serem perdoados.

Filho, a força da Luz emana sobre todos vós, estamos aguardando esse momento há tanto tempo... é chegada a hora!

Lembrando que nesse momento o filho está em estado de desdobramento, sua consciência não está no corpo físico, retornará. E será nesse estado de desdobramento que todos os sensitivos se encontrarão. Se mantenha sempre próximo aos portais, vós o reconhecereis por serem locais de força e energia maiores do que outros locais.

Auxiliamos Alquimia nesse momento de ascensão rumo a um estado de consciência mais amoroso e crístico. O Cristo, representado por essa cruz que vês em mim, é

um estado puro de união fraterna, um estado em que a dualidade se desfaz, em que nos tornamos quem somos, vencemos os conflitos entre luz e sombra, nos tornamos luz, que auxilia as demais camadas da existência.
Firme na paz, firme na luz.
Somos a Fraternidade do Sagrado Coração"

O salvador retorna para o corpo, se dá conta de que ninguém sequer notou sua ausência, quanto tempo teria durado? Não sabia, e não importava, apenas carregava a certeza de que conseguia viver entre vários mundos e vários seres, que se uniam com o mesmo propósito. Estava maravilhado.

O diretor do hospital o encontra e se senta com ele, travam uma conversa agradável e amistosa sobre tudo o que vivenciaram ao longo daquelas horas.

Seguem para a sala da diretoria, onde conversam sobre a entrada do salvador no hospital para trabalhar auxiliando na entrega das refeições dos pacientes todos os dias, podendo se alojar em um quarto dos funcionários caso precisasse de um lugar para passar as noites, se banhar e descansar. Essa por enquanto era a única vaga disponível para trabalho, e ele aceita humildemente, com muito amor no coração.

Alguns dias se passam e ele passa despercebido, ninguém o nota, anda livremente por Alquimia, reconhece as pessoas, porém elas não o reconhecem! Teria ele se transformado tanto a ponto de ficar invisível? Ele constata que algo grande acontecera nesse período em que esteve longe. Nota também que seres invisíveis o acompanham quase sempre. Se sente muito bem. Já está adaptado às suas funções no hospital, e cumpre tão bem e com tanto amor, que transforma o ambientes e até consegue tirar muitos pacientes de estados de crise, só com o seu amor. É um estado de conexão tão profundo que modifica sem entorno. Todos gostam de ficar perto dele. Emana luz, emana amor.

Mais algum tempo se passa e os funcionários do hospital sempre contam com ele para ajudar em funções que não são as dele, mas que ele executa com extrema facilidade e com um estado de cooperação indescritível. Assim, ele começa a se inteirar de muitas coisas, detalhes importantes que o auxiliam no planejamento de sua missão.

Ele começa a perceber que há medo nos funcionários. Medo em adentrar as profundezas das mentes inquietas e alcançar com sensibilidade o que os pacientes tanto precisam, se sentir acolhidos, amados, bem vindos. Todos os seres precisam de amor, e se sentir pertencentes. Tratar alguém como se um rótulo o pudesse definir é desperdiçar toda a natureza única e cheia de potencial de cada ser!

Vai percebendo as potencialidades de cada paciente, conversando com cada um deles vai decifrando códigos da inteligência, vai facilitando muito o desenvolvimento da sensitividade deles, sem que os outros funcionários percebam, porque seria arriscado demais... costuma fazer essas coisas em horários de almoço e jantar.

Para ele tudo está se integrando, cada vez mais se sente conectado à forças amparadoras, que se manifestam por meio de sinais, sincronicidades, coincidências interessantíssimas! Tudo muito excitante para todos os envolvidos, principalmente porque agora existia uma figura que estava se tornando importante e necessária ali dentro, era ele o salvador, mas ninguém sabia qual era o seu verdadeiro papel. E mesmo sem saber, tudo já estava acontecendo, a missão já estava em andamento.

OS CONTATADOS

O diretor e o salvador se tornam grandes amigos e aliados. Durante as madrugadas o salvador é levado para a nave e sempre reabastecido com mensagens, orientações e amor. Sempre apoiado e ao mesmo tempo, livre, para usar sua criatividade e intuição, ideias sempre trocadas com sabedoria espiritual e respeito. Diziam para ele que o diretor do hospital também estava sendo contatado, porém ainda não consegue se recordar, não está pronto para enfrentar toda uma sociedade montada para a alienação e desigualdades.

Todos os pacientes que ainda não se encontravam extremamente comprometidos com o uso das medicações e das intervenções por eletrochoque, eram levados para as naves onde recebiam instruções, terapia e tratamentos para que se recordassem de quem são e tivessem sua autoestima resgatada.

Os pacientes em estado de danos graves eram levados para orbes mais distantes, onde outras fraternidades trabalhavam duramente na recomposição de seus DNAs e corpos mentais.

Era um verdadeiro trabalho cósmico em equipe, e quem comanda é o grande mestre O Cristo Cósmico – Sananda.

Sananda adverte que é chegada a hora de uma intervenção mais segura em Alquimia, estavam sendo preparados para uma nova tecnologia que poderia ser utilizada nos próximos 7 anos. Seriam implantados chips do amor e da fraternidade, assim todos aqueles que buscam o caminho da bondade e da harmonia conseguiriam ativá--los quando elevassem seus corações para as dimensões mais elevadas.

Sem que as pessoas de Alquimia soubessem, estavam muito perto de uma "virada de Era", onde conseguiriam retornar ao estado unificado do ser, ao amor, e esqueceriam o medo. **Padrões de medo já não seriam implantados, pois os corações estariam ativados e a maioria carregaria em si um arquivo cósmico que nenhum ser habitante de Alquimia ou outras esferas mais densas seria capaz de alterar ou desativar. A luz estava entrando, era um novo tempo, de uma nova consciência mostrando sua face. Masculino e Feminino finalmente estavam sendo ajustados e entrando em eixo de equilíbrio.**

E na medida que o padrão cósmico de virada de era estava sendo ativado em Alquimia, pareceria que o caos se instalava, subiam à superfície as sombras de todos, pois para que o padrão de amor pudesse se estabelecer, seria necessário o medo emergir, abrindo espaço para a reorganização.

Seria necessário então, que cada habitante entrasse em contato com alguma dor, ou alguma crise para que fosse possível e facilitasse a transição.

A TRANSIÇÃO

Fora do grande hospital psiquiátrico – o grande presídio – os habitantes em todos os lugares de Alquimia podiam sentir que algo diferente se passava. Aqueles que estavam vibrando no ego e no medo, cada vez mais vencidos pelo vasto inconsciente, pelas memórias antigas e reações emocionais baixas, se encontravam em meio ao caos que virara suas vidas. Eram sintomas diversos, tais como problemas de pele, alergias, doenças, até acidentes e crises emocionais/ mentais graves, depressão, ansiedade etc.

O número de "loucos" aumentara tanto, que o hospital mal podia comportar. Pessoas em desequilíbrio no poder já sem saber o que fazer ou para onde fugir. Todas as mentiras sendo reveladas, mais ninguém acreditava nos discursos falsos e nos comportamentos destoantes.

Pessoas cansadas de serem enganadas se manifestavam, já não mais aguentavam caladas. Muitas delas se empoderando em meio ao caos. Esse era definitivamente o lado positivo da crise geral que assolava Alquimia.

Um grande convite ao despertar em massa. A cidade lotada, muita gente sem saber em quem acreditar, acabavam por pedir ajuda àqueles que pareciam equilibrados e ancorados em suas próprias escolhas.

O caos não parecia existir para aqueles que estavam conectados aos sentimentos de amor e gratidão, pois assim mantinham um estado vibracional tal, que recebiam ativações constantemente e orientações dos seres de outras dimensões.

A essa altura, o salvador já tinha um enorme e grandioso trabalho em andamento, até o diretor do hospital e muitos políticos poderosos participavam ativamente como pacientes, pois estavam cada vez mais conscientes da perda total do controle que acreditavam ter tido durante todo o tempo em que foram vencidos pelas ilusões. Elas pareciam tão reais. O poder e a coerção pareciam ser realmente o caminho certo para os governantes. Mas agora não mais. Agora eles caíram do pedestal, as ilusões estavam sendo vistas.

As dinâmicas de grupo, os atendimentos individuais e coletivos visavam a cura ancestral e a quebra de padrões viciados da mente e das emoções. Os tratamentos com imposição de mãos, as diversas formas de cura com o auxílio dos espíritos foram implementados com facilidade no hospital e nos locais que foram sendo abertos com o fim de elevar a vibração de Alquimia e dar suporte aos necessitados.

Verdadeiras escolas foram abertas, cursos, muitas atividades que visavam ensinar formas de abrir e curar os corações endurecidos e os corpos que sofriam pela doença resultante da profunda desconexão com o espírito.

O tempo foi passando e muitos portais foram abertos em Alquimia. Inúmeros e incontáveis portais. A força da luz era tão grande e vinha de tantos orbes distintos de inúmeras galáxias distantes. Como ficava evidente a ignorância! Era agora inevitável considerar que havia algo maior que todos governando Alquimia. E essa força maior regia cada ser, que conforme fosse aumentando sentimentos de gratidão, entrega e confiança, ia expandindo seus potenciais de criar e gerar abundância naquela terra.

Naturalmente todos aqueles que não se adequassem à nova frequência eram retirados de Alquimia instantaneamente e levados para outros orbes reiniciando sua jornada em locais de frequência semelhante.

Os seres extraterrestres se uniam era muito interessante a forma como ninguém sequer percebia a retirada daquelas pessoas que vibravam baixo. Todos aceitavam as aparentes perdas com o coração tranquilo. Ainda havia aqueles que vibravam medianamente, ou seja, nem lá na luz, nem lá na sombra, nem totalmente no medo, nem totalmente no amor. Mas, pelo menos, sabiam que estavam no processo de limpeza de si mesmos e que eles mesmos foram os causadores de suas dores. Todos sendo acolhidos e tratados compreendendo o real significado da autorresponsabilidade.

Muitas pessoas já conseguiam acessar vidas passadas de forma espontânea, pois já estavam com suas consciências expandidas e preparadas para a autorresponsabilidade. As lembranças vinham conforme a necessidade de limpeza, e muitos já estavam recebendo alta de suas terapias, dando espaço para novas pessoas iniciarem seus processos profundos de reforma íntima.

Os chakras da maioria já estavam sendo totalmente alinhados e os estágios mais avançados de meditação estavam cada vez mais evidentes.

Isso tudo ocorrendo num espaço tempo curto de 21 anos.

Muitos já saíam do corpo e retornavam de forma natural e constante. Retornavam com experiências e mensagens claras, todos recebiam e atualizavam-se. Não havia mais resistência. Todos se reuniam e se ouviam de forma aberta.

O salvador agora era apenas mais um, pois havia conseguido atingir o que viera fazer. Seu desencarne ocorreu de forma natural enquanto dormia e ele até sorriu ao partir.

Alquimia atingiu um estado de frequência elevado e numa noite tranquila, com céu estrelado e lua cheia, todos foram dormir. Não havia uma só pessoa acordada, todos dormiam muito bem. Um enorme clarão como uma explosão de luz tomou toda a cidade.

Quando todos acordaram estava tudo branco apenas podiam ver e sentir contornos de luz, sentimento de profundo amor e compaixão por tudo e todos. Todos vibravam tão alto e tão forte, que ao se darem conta, estavam flutuando no espaço, onde não havia mais a dimensão espaço tempo. **Eram agora seres estelares de altíssima moralidade e fraternidade. Conscientes de que a vida é somente expansão, não há retrocesso, a não ser quando se está em projeção, como era o caso da Cidade de Alquimia. A sensação era de que nada daquilo havia sido real e eles apenas voltaram a ser o que eram,** só que agora, com mais bagagem e liberdade para atuarem junto às confederações da luz e do amor. Agora estão auxiliando outras realidades projetivas criadas por eles mesmos. São agora seres autônomos que atuam em perfeita unidade.

O FIM É APENAS O COMEÇO

A dita Nova Era não é nova: é antiga para outras dimensões. Alquimia se trata de uma realidade paralela resultante de uma projeção. Ora, se o Universo gera a todo instante criações e criaturas, é preciso que elas se expandam e se experimentem, que se criem e recriem, que se façam e desfaçam, que surjam, desapareçam e reapareçam em outro local. Sempre quando não puderem ser vistas ou acessadas em uma dimensão, serão vistas e acessadas em outras que vibram diferentemente.

Uma projeção é uma experiência, que merece toda atenção e cuidado. São períodos em que as criações e criaturas se permitem mergulhar em estágios e vibrações diferentes, sempre com o objetivo de saírem mais grandiosas quando retornam ao Todo.

De tempos em tempos, há obrigatoriedade de elevação, e nessa hora todos os que não conseguem ouvir o chamado da unificação, simplesmente são deletados e reaparecem em outro local e até de outra forma, depende do banco de dados akashico (individual e coletivo).

Espero que você consiga elevar-se com as possíveis reflexões levantadas nesse livro. Não devemos cogitar sermos detentores de todos os saberes. Devemos sim, dentro da responsabilidade que nos cabe, aceitar coexistir com todos os seres, com todas as dimensões, e assim, criaremos uma realidade coesa de amor e luz.

Toda dualidade é ilusão. Acreditar no medo é alimentar a dualidade, portanto, se manter em projeção, fora da sua realidade essencial.

Você não é aquilo que pensa ser. Você é exatamente o que não é possível pensar. Sinta mais, se conecte mais ao seu coração, e seu EU egoico desmoronará.

Seu poderoso estado de presença, resultante de um coração aberto e fortalecido fará experenciar o EU SOU. Nenhuma palavra entra nesse estado, nenhum pensamento, e tudo se torna possível apenas ao direcionar sua consciência amorosa intencionando criar, e criará tal como intencionou. E assim será. Seja amor. Vibre amor. E criarás o amor ao redor. Somos todos UM.

Luz e Amor!

Este livro teve inspiração e influência dos cavaleiros de Orion e Arcturus.

Saudações intergalácticas!

CONSIDERAÇÕES FINAIS

O que este livro quer nos dizer é que tudo o que tanto buscamos está no SIMPLES. A simplicidade da conexão com aquilo que se manifesta diante de nós... os alimentos, as flores, os pássaros, as pessoas, os barulhos, o vento e os animais são exemplos.

Deixamos de fazer a conexão com aquilo que É porque temos o mental muito ativo, nos deixamos levar pelo que há dentro dele, manifestando uma realidade automática de repetições inconscientes.

Para cessarmos as repetições e os desgostos, assim como a falta de sentido, é necessário QUERER enxergar. É de suma importância que despertemos para o que realmente habita dentro de nós, o oculto.

Para que isso seja acessado de forma clara e responsável, é preciso buscar terapeutas, meditações e formas de terapia que facilitem o acesso mais profundo, em que estão os emaranhados e conflitos geradores do caos e do piloto automático gerando limpezas.

Existem inúmeras ferramentas e formas de acesso que não são citados nessa história, porém estão por aí, e cada vez mais surgirão novas formas de acesso ao inconsciente.

A Apometria e a Constelação Sistêmica Interdimensional são técnicas eficazes. É preciso chegar na ancestralidade e nas conexões mais complexas, realinhar, limpar, ajustar, ordenar.

O Amor em desordem acaba nos encaminhando para uma vida tóxica e repleta de ilusões.

O tempo e espaço não existem, e por isso tudo está conectado ao mesmo tempo, passado, presente e futuro. Pessoas que já morreram estão ainda conectadas e interferindo em nossas vidas, assim como nós continuaremos vivos e interferindo na vida de outros. Nossas vidas passadas, nossas personalidades anteriores também estão interferindo aqui e agora, experiências anteriores que foram emocionalmente negativas estão ainda aqui conosco, nos fechando as possibilidades, nos impedindo de avançar.

O segredo e a solução é sempre viver no Agora, onde essas interferências não se fazem presentes, pois quando nossa mente está focada no simples, naquilo que se apresenta, não há como o inconsciente invadir e nos manipular.

As vidas das pessoas e dos nossos governantes estão repletas de repetições, julgamentos, ressonâncias do passado. O sistema maior e os microssistemas estão em constante repetição e identificações. Todos se puxam para o mesmo lugar e iludidos não se movem, não trazem novidades, não se conectam realmente, NÃO SE PERMITEM. Somos todos ainda reféns do medo e por isso são poucos os momentos que nos sentimos realmente bem e plenos.

Renascemos aqui em sistemas familiares para novamente termos uma chance de experenciar relações e amores, dores, alegrias... o Amor em si. Mergulhamos na impermanência, na dor, em máscaras de atuação, para então, retornarmos do mergulho profundo e enxergarmos que tudo não passava de identificação de ego ferido, de inconsciência e de inabilidade em manejar nossos pensamentos e emoções. Estamos numa experimentação do que é ser e agir individualmente, cegos, reativos, egoístas, solitários, iludindo-nos uns aos outros. Batemos cabeça nesse processo de aprender que o amor é uno e não separado, é conjunto, não pode ser pela metade, ele inclui, não exclui, ele não se sente bem se isolando.

Sendo assim o jogo reencarnatório é uma vivência da descoberta da unidade. Mas para se valorizar a unidade é preciso saber o que é a separação. A separação é uma ilusão e justamente por isso estamos fadados a encontrar o Amor e a União, pois essa é a realidade essencial do universo. Cada um terá um tempo, mas todos chegaremos. E assim como na Cidade de Alquimia, nós também estamos num momento em que um ciclo se fecha para outro se abrir. Essa transição gera muita "desordem" e caos.

O trabalho Universal é mostrar o Amor, em cada detalhe Ele está lá. A Mente, na verdade, quando está focada, não pode se distrair do coração. A Mente de Deus, que está em nós, obedece ao coração. Quando chegarmos ao ponto de descobrirmos isso, entraremos numa outra etapa, sem enganações pessoais nem mentiras desviantes. Entraremos numa etapa de real respeito ao que somos em essência, à nossa unicidade, nossas particularidades criativas personalizadas. Assim nos permitiremos criar uma realidade condizente às nossas centelhas criativas, nossa mente criará Universos de acordo com o amor que se manifesta.

Esse será um mundo de amor e infinitas possibilidades de experenciá-lo.

Muitos mundos existem, multiuniversos que são constantemente criados por seres que chegaram ao entendimento, vivência e integração de si mesmos. Criam então novas possibilidades para outros seres experimentarem. E no final, todos acabam de alguma forma se cruzando e se ajudando. Ás vezes se atrapalham também, mas tudo faz parte porque todos possuem a inteligência da criação e, portanto, podem utilizá-la para atrapalhar outros mundos paralelos aos seus.

Mas tudo está mergulhado num sistema maior, hierarquia maiores, supervisionam e auxiliam aqueles que se permitem, como foi muito bem explicado nessa história.

Cair em dúvida de si mesmo e de seu poder de percepção é muito grave para esse grande sistema que nos ajuda. Nós somos tão poderosos que podemos escolher não sermos acessados, e isso será respeitado. Mas ainda assim, não seremos esquecidos, nunca. Mas é preciso fazer movimentos e buscar compreender sinais e mensagens, que nem sempre estarão dentro de padrões mentais sociais.

São sistemas dentro de sistemas. Lembrem disso.

Cuidar do seu sistema é sempre importante. Se reconhecer dentro de um sistema é fundamental. E todo sistema possui leis e precisa de ordem. Não cumprir leis gera automaticamente um resultado negativo e gerará um impacto limitante.

Atenção também nas formas que reage diante desses impactos. Esses impactos são respostas às suas escolhas anteriores e de seus ancestrais, vocês são um sistema. A exclusão não pode acontecer, gerará cobrança a frente. Não ignore seus ancestrais: honre-os. Vá até eles saber o que houve e ajude-os ao invés de julgá-los, eles podem ser você mesmo num eixo de passado.

Ninguém pode excluir ninguém, pode se afastar temporariamente, mas em algum momento as leis cobrarão um ajuste. Muitas vezes você ajustará sem saber. É sempre a balança do sistema integrando. É sempre positivo. Tudo é sempre positivo. Você limita a sua visão e entra em vitimismo, medo e raiva.

Processos de vitimismo o levarão a ficar preso girando no mesmo lugar. Não perca tempo com conversas tolas de pessoas que giram em torno de si mesmas.

Seja você aquele que quer enxergar a realidade que se manifesta. Sua mente pode tentar te distrair porque você afinal, está em terceira dimensão, mas na verdade, se focar no Agora te permitirá enxergar sinais e sincronicidades que te levarão à encontrar passo a passo sua essência.

Esteja atento e consciente. É somente isso.

Você irá adentrar num processo de descamamento de si mesmo e de seu sistema. Entregue-se com paciência. Afinal, você levou muito tempo criando essa realidade, vai precisar limpar, não entre em ilusões de iluminação, pois você alcançará momentos de felicidade, mas são apenas camadas.

Sempre busque recarregar na mãe natureza. Ela te conhece e possui tudo para te reabastecer. Alimente-se com alimentos da terra.

Busque se congregar com pessoas sábias, que já tenham despertado para essa realidade universal.

Talvez você precise de religião, mas lembre-se de que NADA pode ser feito sem a consciência, e a emoção engana vocês aí na Terra.

Não se emocione demais, pois ser passional e fanático é desvio de rota. Busque sempre estar presente e conectado aos significados, pois há LÓGICA em tudo. Quando não há lógica se questione. Questione os sistemas autômatos. Viver em piloto automático é retornar aos primórdios dos tempos.

Avance as percepções por meio de trabalhos intuitivos. Constantemente se permita conectar mais profundamente às pessoas e suas questões. Permita que as pessoas te falem sobre o que elas vivem e vivenciam.

Escute sem intencionar nada, não julgue e não queira salvar ninguém.

Você é o salvador de si mesmo. Cada um de vocês é um salvador. Primeiro se salvam por dentro, de dentro para fora, e então poderão naturalmente auxiliar no processo de pessoas e sistemas. Assim como fez o salvador dessa história, vá lá e seja o diferente, se abra para o trabalho interno.

A salvação é individual e processual, não tente entrar nos processos que não são seus. Existe muito engano.

Você é muito importante para o mundo, mas só se você se conectar e se equilibrar dentro de si mesmo que poderá exercer seu papel de orientador e terá responsabilidades maiores. Mas lhe serão dadas e sinalizadas. Cuide com os enganos.

Não acredite em tudo que lhe dizem dentro desse meio de mestres, gurus e iluminados. Cuidado com as referências, vocês têm essa mania de querer ver nas outras pessoas aquilo que vocês gostariam de se tornar. Façam o movimento interno, se tornem aquilo que gostariam de encontrar nas outras pessoas, e assim deixarão de se frustrar.

Você pode buscar ajuda, mas seja seu próprio mestre e isso incluirá erros. Levante-se e prossiga.

Nenhum de vocês tem acesso real aos processos de outras pessoas. As pessoas gostam de passar imagem de perfeição! Não acredite nisso! Tampouco gaste tempo direcionando críticas e julgamentos a elas.

Seu foco é em você.

Busque falar de si mesmo e suas dificuldades quando já as tiver superado, pois isso te reafirmará em seu caminho e auxiliará outras pessoas. Compartilhe experiências superadas. A Nova Era traz em si a Verdade autêntica sem enganações. Ao falar de si você se desfaz de reservas e segredos, isso limpa você e seu sistema.

Hoje vocês têm acesso a livros e tecnologias, usem a seu favor. O poder existe e deve ser bem administrado pela parte luminosa de vocês. Se policiem. Outras raças foram extintas pelo mau uso do poder, incluindo vocês, não se repitam.

Todos vocês devem e podem se empoderar. O poder criativo é de todos. O aprendizado se trata de identificar as maldades internas que vocês carregam dentro de si mesmos e ir limpando diariamente, devagar, nas pequenas coisas. Assim vocês conseguirão se empoderar de verdade.

O empoderamento verdadeiro se trata de LUZ O empoderamento que vem pelo ego não é real. Cuidem com a perdição das sombras. Não façam como e não sigam os homens que escrevem o Manual da Vida.

O verdadeiro poder vem do espírito, do burilar das questões inconscientes. Ter dinheiro é bom, a matéria é importante. Vocês podem e devem querer a abundância. Mas o espírito já é em si sinônimo de abundância. Não é preciso esforço: é preciso apenas seguir a alma de vocês. Percebemos que vocês invertem o processo.

Muitos se enganam achando que o que vem do ego é a alma. Não é. Prestem atenção nisso.

Os sonhos de vocês são revelações inconscientes e muitas vezes vocês não sabem interpretar e a maioria nem sabe que sonhos são verdades e respostas. Anotem sonhos e busquem decifrar, mas não com superficialidades. Estudem, se aprofundem na Alma de vocês.

A alma vai acordando conforme vocês vão abrindo espaço para ela. Por meio de leituras vão despertando a alma e as conquistas que vocês já tiveram. Vão relembrar muita coisa, vão reativar sabedoria ancestral!

Da mesma forma, quando se aprofundam no ego e em formas de atuar egoístas, vocês vão ativando vivências escuras e conhecimentos, formas de atuação sombrias se manifestarão em vocês.

Vocês possuem luz e sombra, aceitem isso. Não queiram ser bonzinhos. Isso criará uma barreira entre vocês e a luz. Pois a luz sabe que vocês são também a sombra. Ela gosta que vocês acolham tudo o que é escuro em vocês, que incluam e aceitem. Só assim poderão ser completos e se libertar.

Busquem ACEITAR melhor os processos de vocês. Geralmente lutam contra a natureza das coisas, esquecem que o medo prende, cria amarras, confiem mais que não estão sozinhos.

Existe todo um preparo antes de descerem, antes das novas experiências, nada é solto no Universo, tudo é sistêmico e matematicamente calculado, nada se perde, nós sempre retornamos à natureza, tudo se integra, não resistam! A resistência faz aumentar a maldade interna, faz crescer aquilo que não pode ser visto. Tudo aquilo que negam e reprimem cria força e gera vida negativa, que pode demorar para reajustar.

O tempo também é uma questão que deveriam rever. Para quê tanta pressa de chegar? Para onde estão indo? Ou então paralisam! Por que paralisar? Medo de quê?

Geralmente aquilo que vocês mais temem é exatamente a revelação do caminho que devem seguir. Anotem seus medos, avaliem e reavaliem. Confrontem, questionem.

O medo deve ser enfrentado com coragem porque fazem parte da mesma linha.

Precisam ser fiéis àquilo que são, mas vocês se perguntam: "quem sou eu?".

Ora, você carrega dentro a semente do que veio para se tornar! Então, olhe para dentro e vença seus medos, as amarras que foram criadas pela mente, crenças limitantes, diagnósticos que rotulam. Vençam isso e tenham coragem de seguir com profundidade.

O Universo e toda a sua força luminosa e criadora dirá "amém" para aquilo que você é. Proverá toda a ajuda e sustento, assim como aconteceu com o salvador nessa breve história. Haverá proteção e providências.

Seu trabalho é não duvidar (identifique suas questões), vencer a mente, as vozes internas que tanto te sabotam.

O simples é sempre a melhor saída. Simplifiquem mais, confiem mais na primeira impressão, escutem as crianças interiores de vocês. Aquela que vocês eram antes de entrarem tantas informações. Aquela criança que era espontânea e livre para ser autêntica!!!

Há espaço para cada um de vocês nesse mundo. Cada um já tem um espaço só seu aguardando para ser TOMADO, assumido. O lugar de vocês é onde brota um sorriso, uma alegria sem explicação, um sentimento de certeza, de vigor, é uma sensação de estar fazendo a coisa certa mesmo com críticas e medo, lá no fundo você SENTE E SABE o que é para você. Só que as crenças e a falta de conhecimento limitam muito a capacidade de auto perceber-se.

Treinem a AUTOPERCEPÇÃO, escutem seus DIÁLOGOS INTERNOS, observem as DINÂMICAS FAMILIARES, perceba seus pais. perceba o quanto você repete e carrega **histórias que não são suas, que você veio para quebrar. As pessoas honram negativamente seus pais e sua** família ao repetirem suas negatividades. Certamente vieram para romper as repetições negativas. Vieram para honrar o positivo!!!

Para ser diferente e autêntico é preciso coragem. É ir adiante apesar do medo.

Vocês carregam uma bússola interior que ainda não aprenderam a usar. *Acaso acham que a bússola veio com defeito? Criam desculpas e justificativas para não encontrarem o seu lugar no mundo?* Dá trabalho aprender a usar a bussola, é trabalhoso cuidar da semente e fazer com que cresça. VOCÊ é o responsável.

Existem muitas amarras em forma de **armaduras** que vocês vestem para se defender. Mas armaduras sempre terão sua base no medo da escassez, medo da perda, medo do ridículo, medo de ficar sem poder.

Suas dinâmicas familiares são baseadas em medo. Faz pouco tempo que saíram de vidas de controle político e religioso repressores, tenham calma, se limpem, enxerguem e não dramatizem as experiências. Encarem tudo com naturalidade de criança que está ainda aprendendo muitas coisas e se tornando adulta em tantas outras.

Quanto maior a pressão maior a negatividade, **busquem ser mais leves, mais acolhedores consigo mesmos,** não há nada no mundo que não seja natural e tudo encontrará seu lugar ao sol. Sempre chegará uma hora em que a consciência abrirá e emergirá a verdade luminosa.

Por isso evitem se julgar, evitem de verdade, nas pequenas coisas. Quando não puderem ajudar se afastem para que seu afastamento sirva também como aviso de que algo não está bom.

**Não reprimam suas crianças. Eduquem-nas, escutem-nas, deixem que a verdade e autenticidade delas permaneçam. Pais bem cuidados, que buscam iluminar

suas sombras sabem acolher seus filhos sem repressão nem violência emocional, mas com amor firme.

Se alguém errar e lhe machucar, saiba que faz parte ser machucado, as pessoas machucam sem saber, realmente não sabem fazer diferente. Então se, por exemplo, seus pais lhe machucaram, é necessário ficar com a vida e a força deles ao invés de ruminar rancor e raiva. Assim você dá uma sequência luminosa ao lado obscuro de sua família.

Seja você aquele que faz diferente e esteja disposto a pagar o preço por ser diferente. Pague o preço com a consciência tranquila e colherá bons frutos.

Fique no amor, na luz e na paz.
Daphine Grimaud